EDAF
MADRID

GENEVIEVE LEWIS PAULSON

KUNDALINI Y LOS CHAKRAS

**Una guía práctica para
despertar la energía interior**

EDAF / NUEVA ERA

Título del original inglés:
KUNDALINI AND THE CHAKRAS

Traducido por:
ALEJANDRO PAREJA

© 1991. By Genevieve Paulson
© 1994. De la traducción, Editorial EDAF, S. A.
© 1994. Editorial EDAF, S. A. Jorge Juan, 30. Madrid.
Para la edición en español por acuerdo con LLEWELLYN PUBLICATIONS, St. Paul, MN
55164, USA.

Depósito legal: M. 12.942-1994
ISBN: 84-7640-815-3

PRINTED IN SPAIN   IMPRESO EN ESPAÑA
Gráficas Rogar, S. A. - Fuenlabrada (Madrid)

Una luz de comprensión
Cuando se encuentran amenazadas la cordura y el buen juicio

¿Está cansado de leer las experiencias de otras personas con la Kundalini y los chakras? ¿Está harto de los juegos de prestidigitación intelectuales que han practicado los charlatanes con estos conceptos, sin ninguna consideración por lo que verdaderamente está activo y cambiando dentro del sistema de usted? Cuando siente como si funcionara con algunos cilindros de menos, es que sólo está accediendo a una parte de la energía Kundalini que tiene disponible.

Tenemos el derecho inalienable a evolucionar, a desarrollarnos, y a convertirnos en superpersonas. Los problemas más sencillos de la vida pueden haber desequilibrado o bloqueado de raíz el flujo de Kundalini. Todos tenemos Kundalini, como todos tenemos impulsos sexuales. A la luz del tono actual del flujo cósmico, no conocer la Kundalini es como negar a los adolescentes la educación sexual. Cuanto más sabemos, más posibilidades de elección tenemos.

Usted puede haber experimentado la «gran liberación» espontáneamente, pero ha estado mal preparado para canalizar su fuerza de una manera productiva; o quizás su Kundalini esté aletargada, como un oso en hibernación, pero preparada para despertarse con un hambre feroz de conocimiento en la primavera de una nueva conciencia personal; en cualquiera de los casos, este libro será su guía para saciar los apetitos nuevos y extraños que se producen cuando la vida-en-marcha «abre de golpe» los muchos centros de energía de su cuerpo.

Al intensificarse las energías de la Era de Acuario, cada vez más personas se sienten horrorizadas, asustadas o incluso incapacitadas por liberaciones espontáneas de una fuerza indescriptible de Kundalini. En muchos casos, las personas no tienen ni idea de lo que les sucede, y, reaccionando con ignorancia ante los síntomas de enfermedad o de locura, empeoran una situación que ya les parece de suyo irreparable.

Este libro es una bendición para el recién llegado a la Kundalini y a los chakras. Ofrece instrucciones detalladas sobre el modo de iniciar la limpieza preliminar del sistema, como preparativo para la liberación. Dado que la energía Kundalini es tan potente en algunas ocasiones que a su «módulo humano» le resulta difícil funcionar y cumplir sus compromisos y sus actividades diarias, la autora ofrece métodos para moderar su liberación o para controlarla.

Ahora que la evolución a escala personal ha avanzado de pronto de manera espectacular, existe una gran necesidad de orientación para suavizar las transiciones entre nuestros diversos estados del ser en nuestro proceso de evolución. El hecho de conocer y de comprender la Kundalini facilita mucho este proceso para el cuerpo, la mente y el espíritu.

La autora

Genevieve Lewis Paulson es directora y propietaria de Dimensions of Evolvement, centro que ocupa una finca de 70 hectáreas en los montes Ozark del estado de Arkansas (EE.UU.), dedicado al aprendizaje psíquico, personal y espiritual, donde los estudiantes aprenden el desarrollo de la energía Kundalini.

Paulson, que no es la típica «hija de la Nueva Era», está bien formada en la tradición cristiana occidental, y ha sido administradora de una congregación Metodista Unida. Con la llegada de una fuerte oleada de interés por la Kundalini en 1968, ella emprendió su profundo despertar de la energía, se acreditó como orientadora de grupos en los terrenos de la formación de la sensibilidad y de la gestión de conflictos (todavía bajo el patrocinio de la Iglesia), para descubrir más tarde los antiguos textos que describían el despertar Kundalini que ella había conocido. A principios de los 70 fundó Sunergos Inc., centro de desarrollo espiritual en Chicago. Aunque sus nuevas experiencias podían haberla hecho abandonar las creencias religiosas occidentales, ella descubrió, por el contrario, un método para combinar dos variedades de la verdad, creando una síntesis de dos grandes tradiciones de la fe.

Actualmente, Genevieve no se conforma con beber infusiones y contemplar a los buitres que se ciernen sobre los montes Ozark. Hace la vida de una predicadora ambulante en su segundo hogar, una furgoneta roja, repartiendo consejos y organizando seminarios durante todo el año, a lo largo de un circuito de ciudades, desde Florida hasta Arizona.

Dedicatoria

Dedico este libro a todos mis estudiantes de Kundalini, pero sobre todo a los del grupo avanzado, que se llaman a sí mismos «los del grupo Indy-Yucky» (mezcla de los nombres de los estados de Indiana y Kentucky); siempre me han encantado su disposición y su entusiasmo. También dedico este libro a mis hijos: Stephen, Kari, Nina, Bradley y Roger.

Agradecimientos

Mi agradecimiento especial a Ralph Thiel, que no sólo escribió en ordenador todo el manuscrito, tras diversas revisiones, sino que también colaboró en su edición.

Mi agradecimiento especial, asimismo, a Helen McMahan, por la «Meditación de los Chakras» que aparece en este libro y por toda la otra ayuda que me ha prestado.

A Dave y Jo Bahn, que me ayudaron de tantas maneras. A Richard Gilbert, por preparar la tabla sobre los Chakras de los Siete Cuerpos y Planos.

Mi agradecimiento, también, a Jim Blackfeather, Marge Schulz, Ruth Allen, Aaron Parker, Janet Irwin, Alice Shewmaker, Luanne Thiel, Julie Thiel, Anne Lindstrom y Nina Paulson.

También quiero recordar a aquellos cuyo interés y apoyo me resultaron tan útiles: mi hijo Stephen, mi nuera RaeJean, Joe Stamper, Gene Kieffer, Car y Jewell Foster.

Índice

Prólogo

Kundalini era una palabra totalmente desconocida para mí cuando advertí por primera vez su poder. Tardé algún tiempo en darme cuenta de lo que había sucedido. Afortunadamente, conté con la orientación directa, por clariaudiencia, de Seres que me guiaron a través de los diversos pasos. Una buena parte de la información que aparece en este libro me llegó en un principio de estos Seres.

Cuando me di cuenta de lo que pasaba, ¡emprendí una búsqueda frenética de libros que me pudieran corroborar la información que estaba recibiendo! Esta información era muy escasa en los años 60; yo agradecía cualquier cosa que pudiera encontrar. Otros datos pude verificarlos en mi trabajo con estudiantes.

No fue un camino fácil (tardé siete años en cubrir la parte peor); fue interesante, traumático a veces, iluminador en otras ocasiones, pero no fácil. Yo procedía de un entorno religioso tradicional; incluso llegué a ser administradora de una congregación de más de 700 fieles. Abrirme a estos conceptos era extraño para mí. Más tarde, mi comprensión del cristianismo se vio reforzada por lo que estaba aprendiendo. La Kundalini es, sin duda, una base para los sistemas religiosos y de creencias.

El término «Kundalini» no es precisamente de uso diario todavía, pero cada vez son más las personas que no sólo son conscientes de su existencia sino que viven con sus experiencias. Todavía no podemos dejar de ir al trabajo o abandonar nuestras ocupaciones alegando que estamos «mal de la Kundalini»; pero espero que este libro no sólo le ayudará a mantener el ritmo de su vida, sino a introducir en ella un cambio evolutivo óptimo.

Aunque yo recibí la orientación de los Seres, y mucha fe y ayuda por parte de los demás, el viaje no dejó de ser solitario. Así son todos los viajes espirituales. Búsquese un diario con quien hablar. Siempre nos escucha, jamás nos interrumpe, y recuerda lo que escribimos. Otro motivo para llevar un registro de sus experiencias es que quizás usted escriba también, algún día, un libro sobre la Kundalini.

Espero que este libro despeje algunas de las preocupaciones, preguntas y soledades que usted pueda tener. Yo no cambiaría por nada el viaje que he cubierto y que todavía sigo. Que a usted también le valga la pena el tiempo que le dedique.

GENEVIEVE LEWIS PAULSON
Melbourne, Arkansas (EE.UU.)

Capítulo **1**

Kundalini: La energía evolutiva

Introducción

Todos tenemos el impulso interior de destacar o de sobresalir en algo concreto, de ser únicos. Algunas veces, las personas lo siguen de maneras negativas. El impulso subyacente en todas las personas, no obstante, es de evolución: aspirar a la iluminación, ser como dioses sin dejar de ser humanos. En los *Upanishads* se dice:

> Viviendo en este cuerpo hemos comprendido de algún modo el Brahma [la expansión, la evolución, lo Absoluto, el Creador, el Conservador y el Destructor del universo]; de lo contrario, habríamos permanecido ignorantes, y una gran destrucción nos habría alcanzado. Los que conocen a Brahma se vuelven inmortales, y los demás sólo sufren penalidades. [IV, iv, 14/Según la traducción del Swami Nikhilananda.]

En el Nuevo Testamento, Jesús responde:

> ¿Acaso no está escrito en vuestra ley: «He dicho: Vosotros sois dioses»? Son llamados dioses aquellos a los que se entregó la palabra de Dios; y no se puede dejar de lado la Escritura. [Juan 10, 34-35][1].

---

[1] «Esto digo: Sois dioses, hijos todos del Altísimo...» (Salmo 82,6.)

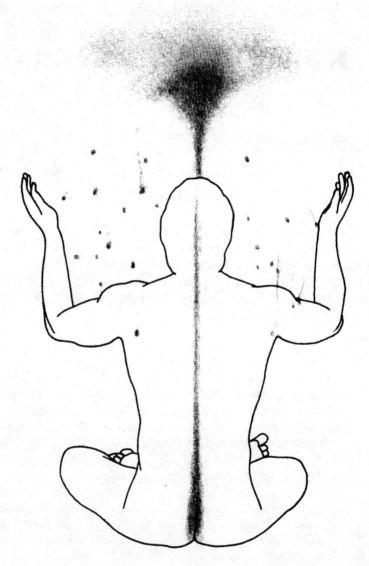

*El rojo-anaranjado de la Kundalini sube por la columna vertebral y se mez-
cla con la energía divina (unión de Shakti y Shakta). Los colores se vuelven
dorados, o a veces plateados.*

Descubrimos que estamos llamados a llegar más allá de nuestra humanidad, hasta alturas mayores. La energía Kundalini nos impulsa a todos hacia esta meta de iluminación: a conocer la luz, a conocer a Dios. En el yoga tibetano y en otras doctrinas se dice:

> Por medio del Yoga Shakti [disciplina de la energía], el yogui tántrico alcanza la disciplina de cuerpo y de mente, y aborda a continuación la ingente tarea de despertar los poderes aletargados o innatos de la divinidad dentro de sí mismo, personificados en la Diosa dormida Kundalini (...) Entonces, de la unión mística de Shakta [en la parte superior de la cabeza] y del Shakti, nace la Iluminación; y el yogui ha alcanzado la Meta[2].

La Kundalini, palabra sánscrita que significa «fuerza circular», es la fuerza evolutiva básica del individuo. Todos nacemos con cierto flujo de esta energía. La cantidad disponible y utilizable determina que la persona tenga poca inteligencia, que sea un genio o que se encuentre en algún nivel intermedio.

No es simplemente una cuestión de utilizar lo que ya tenemos, sino de despertar la cantidad muy superior que nos espera en el depósito de Kundalini, que se encuentra en la base de la columna vertebral.

La Kundalini es una fuerza natural común a todos nosotros. No se trata de una religión, pero algunas religiones la practican, y el proceso puede potenciar y desarrollar las ideas religiosas propias de cada persona.

La antigua literatura oriental contiene una gran cantidad de información sobre la Kundalini. No puede decirse lo mismo de la literatura occidental, pero cada vez se escribe más al respecto. Con el rápido desarrollo del interés en la Era de Acuario, que aporta energías más poderosas para facilitar la liberación espontánea de Kundalini, personas de todas las edades, ocupaciones y niveles de desarrollo experimentan la Kundalini, con independencia de sus antecedentes culturales, filosóficos o religiosos.

---

[2] Basado en la edición inglesa de W. Y. Evans-Wentz.

Hay poca información disponible para las personas que ni siquiera han oído hablar de la Kundalini y que se preguntan las causas de sus sufrimientos o de sus crisis físicas, mentales o emocionales. Incluso las personas que se dedican a asesorar a otras y a ayudarlas a desarrollarse no tienen fácil acceso a la información necesaria para aconsejar a las personas que liberan Kundalini extraordinaria antes de que sus sistemas estén preparados para ello, y que sufren problemas a todos los niveles de la vida; es como si sus sistemas fueran de 110 voltios y de pronto circulara por ellos corriente de 220: se les funden los fusibles y se les queman los circuitos.

Uno de los motivos de esta falta de información es que muchas personas, aunque están informadas, se preocupan por la posibilidad de que la Kundalini les haga daño; opinan que no se debía hacer nada con ella (ni ejercicios, ni entrenamientos), por la posibilidad de que esta fuerza temible se vuelva destructiva. Esta actitud es muy semejante a la de las personas que dicen que si no se educa a los niños sobre el sexo, no tendrán ningún problema al respecto.

Otro motivo es que muchas personas consideran que la Kundalini es una moda pasajera propia de la Nueva Era. Nada más lejos de la verdad. La Kundalini puede ser considerada la ciencia más antigua que se conoce. En épocas anteriores, la gente subía la Kundalini bajo la dirección de maestros y en circunstancias controladas, conservando lo que aprendían como un conocimiento esotérico. Pero hemos llegado a una época en la que lo esotérico se vuelve exotérico.

Las personas cuya Kundalini se subía sin su conocimiento, y que describían a otras los síntomas que experimentaban, eran tomadas por locas o por enfermas; incluso podían creer ellas mismas que estaban locas. El proceso puede venir acompañado de gran confusión y de miedo, aparte del regocijo y del sentimiento de elevación.

De los escritos de los místicos cristianos se desprende claramente que éstos tuvieron experiencias de liberación de Kundalini, que calificaron de sufrimientos. Consideraron que se trataba de un proceso que los llevaría a la unión con Dios.

Gopi Krishna ha sido un practicante moderno de esta energía evolutiva. Alcanzó su propia liberación de Kundalini con prácticas de meditación que emprendió sin ninguna formación previa[3]. Pasó varios años estudiando lo que le estaba sucediendo y trabajando con ello. Sus experiencias y sus escritos han sido muy beneficiosos para otras personas que no habían tenido ninguna formación anterior.

Síntomas de la liberación temprana

Como todos somos individuos independientes (con nuestra propia historia, estado físico y desarrollo personal y espiritual), la liberación de Kundalini actúa de modo diferente en cada uno de nosotros. He aquí algunos síntomas que pueden indicar una liberación de Kundalini excesiva, antes de que el sistema esté preparado para ella:

Enfermedades inexplicables;
Conducta excéntrica;
Sensación de «pérdida» y dificultades a la hora de enfrentarse con la vida diaria;
Escalofríos o ráfagas de calor;
Indicios de personalidad múltiple;
Oscilaciones exageradas del estado de ánimo: de la depresión al éxtasis;
Momentos de estupor o de brillantez exagerada;
Pérdida o distorsiones de la memoria;
Desorientación con uno mismo, con los demás, con el trabajo o con el mundo en general;
Extremos en el aspecto físico (la persona puede oscilar entre parecer rejuvenecida en varios años en un momento dado y parecer veinte años más vieja poco más tarde);
Efectos visuales: ver luces o colores, formas geométricas, escenas de vidas anteriores o sucesos futuros.

---

[3] Ver *Kundalini*, de Gopi Krishna.

Orientación

La Kundalini tiene su propio sentido de la orientación. Fluye de manera natural subiendo por la columna vertebral y saliendo por la parte superior de la cabeza; a lo largo de ese camino, aporta nueva conciencia, nuevas capacidades y estados trascendentales. Así como las plantas se mueven hacia la luz, la Kundalini nos impulsa a que nos movamos hacia la iluminación; elimina todo bloqueo de energía que se encuentre en su camino, provocando así síntomas como los que acabamos de detallar. Hará su trabajo. Nosotros podemos colaborar en el proceso u obstaculizarlo.

Una persona plenamente desarrollada tendrá unas dotes paranormales excepcionales, una gran conciencia espiritual, y bien podrá ser considerada un genio o semejante a un dios. Todos y cada uno de nosotros hemos de tratar con la Kundalini, tarde o temprano; cuanto más formados y preparados estemos, tanto más maravillosa será la experiencia.

Capítulo 2

La liberación espontánea de la energía Kundalini

El proceso de liberación

La energía Kundalini está enroscada en la base de la columna vertebral. Su liberación puede compararse con oleadas, llamas, pulsaciones, o con un desenroscarse. La parte desenroscada busca una salida, normalmente a lo largo de la columna vertebral, subiendo hasta la parte superior de la cabeza, por lo que a veces se le llama «chakra de la corona». Chakra, palabra sánscrita que significa «rueda», es un término que se aplica a los diversos vórtices de energía de nuestro cuerpo etéreo.

Algunas veces la energía se enrosca hacia arriba alrededor de la columna vertebral, terminando de nuevo en el chakra de la corona. En el proceso natural de evolución, se liberan una serie de capas o de oleadas independientes a lo largo de toda una vida, en función del desarrollo y de la preparación de la persona. El movimiento de la oleada es tan imperceptible que muchas personas no son conscientes de la actividad, aunque pueden advertir cierto calor (movimiento de energía) en la zona de la rabadilla antes de la liberación. Las personas más sensitivas sentirán el avance de la energía que sube por la columna. Pueden sentir presión o dolor cuando la energía se encuentra con una zona bloqueada; también puede aparecer dolor cuando las pautas de energía no son normales.

Existen muchas capas de Kundalini esperando a ser liberadas. Es un acto similar a pelar las capas exteriores de una cebolla. La persona puede liberar a lo largo de su vida unas pocas capas o muchas. Las personas que conocen la fuerza Kundalini pueden optar por liberar más, acelerando así su evolución; en casos extremos, puede liberarse fuego líquido o un calor extremo.

La Kundalini, llamada a veces *shakti* (chispa divina de la fuerza vital), empieza su subida desde la base de la rabadilla, donde está acumulada. Al subir por la columna vertebral y salir por la parte superior de la cabeza, se mezcla con la energía espiritual disponible en el universo. Entonces se derrama sobre el cuerpo una combinación de energía que recorre el sistema ayudando a refinar y a limpiar las células. Si el flujo hacia arriba de la Kundalini se bloquea por unas pautas inadecuadas de energía o de negatividad, o por estar mal preparado o poco limpio el cuerpo, puede caer al cabo de varios días y reemprender de nuevo un ascenso lento y difícil por el cuerpo, limpiando y refinando por el camino. Este proceso puede producir grandes estragos y provocar tribulaciones físicas, emocionales o mentales.

Una persona que libere simultáneamente varias capas de energía puede encontrarse en un estado magnífico durante varios días, incluso semanas. Esta persona puede tener fuerza física adicional, nuevas comprensiones, sentimientos de beatitud o de conciencia trascendental, o una sensación de haberlo conseguido por fin, de haber alcanzado la iluminación. Puede tener, incluso, un poco de orgullo espiritual. A la mayoría de las personas, no obstante, este estado les desaparece, y la Kundalini comienza su proceso de limpieza; entonces la persona se pregunta por qué las cosas son tan difíciles ahora, y dónde ha ido a parar «aquello» tan maravilloso. Ésta es la pauta habitual de la liberación de la Kundalini; no es una cuestión de que la persona «estropee» su desarrollo.

Cuando los bloqueos de energía son lo suficientemente graves, no se producen los estados de beatitud; la energía se dedica inmediatamente a la limpieza. Los bloqueos de energía son provocados por actitudes o por sentimientos cerrados, o por antiguas cicatrices emocionales o mentales. Las malas posturas y las lesiones también pueden provocar bloqueos de energía.

Las personas que se han preparado bien cuidando sus cuerpos y suscitando su conciencia espiritual conseguirán la limpieza de Kundalini con mayor rapidez y facilidad; recogen los beneficios casi inmediatamente, y la subida de la Kundalini es una hermosa experiencia para ellos. Pero si el sistema no está preparado para esta fuerza poderosa, pueden tardarse años en completar el proceso.

Cuando éste se pone en marcha, ¡NO ES POSIBLE VOLVERSE ATRÁS! Es imposible invertir el proceso, aunque a veces se puede desacelerar. Si una persona decide que el desarrollo ya no es deseable e intenta retener la energía, puede producirse congestiones y enfermedades, que en casos extremos le pueden provocar la muerte. Es preciso aprender a trabajar con el proceso, o en algunos casos simplemente a soportarlo, mientras se produce la limpieza más importante. El cambio no suele ser una operación mágica y total, de la noche a la mañana; la energía puede tardar hasta veinte o veinticinco años en completar la limpieza y el proceso de refinado suficientes para que se manifiesten las dotes videnciales o espirituales. Cuando una persona sabe trabajar con la energía, cuando tiene sanos el cuerpo, la mente y el espíritu, y cuando está preparada, el cambio se produce en un periodo de tiempo mucho más corto. Las personas que se encuentran dentro de un flujo activo y natural de la Kundalini, utilizándolo ya, tardan menos tiempo en conseguir que la nueva Kundalini esté dispuesta para ser usada.

En cada nueva encarnación es preciso aprender de nuevo a controlar y a utilizar la energía. Este es uno de los propósitos principales de la infancia. Los niños necesitan que se oriente su conducta y sus actitudes para que sepan utilizar adecuadamente sus energías. Cuando se permite que sus energías fluyan sin control, sufren problemas en su vida diaria y se obstaculiza su desarrollo ulterior.

Tipos de liberación involuntaria

Entre los modos en que se puede liberar involuntariamente la Kundalini se cuentan el consumo de drogas o medicamentos;

Ejemplo de flujo incorrecto. Sale demasiada energía por debajo de la persona. Debería fluir toda hacia arriba.

el exceso de trabajo; un golpe o lesión grave en la zona de la rabadilla; la pena, los traumas o el miedo excesivo; los excesos en la práctica de la meditación; los ejercicios de desarrollo, y el sexo. El excesivo juego sexual previo sin orgasmo también puede provocar la liberación espontánea de Kundalini. Cuando digo que la Kundalini se libera «involuntariamente» no quiero decir que esta liberación no sea deseable; me refiero únicamente a la liberación de la Kundalini por su cuenta.

La energía no sólo tiene un propósito evolutivo: nos aporta, literalmente, energía adicional. El cuerpo puede recurrir a ella (sin que lo sepamos conscientemente) para enfrentarse a situaciones extremas. En muchos casos, cuando tales situaciones concluyen, el flujo continúa, y la persona no lleva bien las cosas; la persona se encuentra ahora con una liberación excesiva de Kundalini, además de con el trauma original.

La Era de Acuario es muy intensa. Esta intensidad acelera nuestra evolución y nos impulsa a un salto cuantitativo de desarrollo en todos los terrenos. Hemos estado muy abiertos al cambio tecnológico, que ha sido especialmente increíble en el último par de décadas. Ahora se está produciendo un desarrollo similar en los terrenos personal y espiritual; de hecho, nos encontramos únicamente en el principio de grandes avances en estos terrenos, porque se liberará espontáneamente mucha Kundalini como consecuencia de la intensidad de las nuevas energías. Esto sucederá en todo caso, esté o no esté limpia y preparada la gente. Las personas que genéticamente son más receptivas a la Kundalini y que ya tienen una buena cantidad utilizable y activa no tendrán tantos problemas; por otra parte, serán más susceptibles a la liberación.

Las energías astrológicas desempeñan un papel importante en la disposición de la persona a la liberación extraordinaria. Parece ser que Urano con un aspecto fuerte provoca la liberación excesiva en algunas personas. Saturno en la cuarta casa de la carta astral puede desencadenar profundas energías subconscientes que liberan la Kundalini. La Luna en Escorpio también tiende a despertar las energías subconscientes profundas.

Algunas mujeres embarazadas experimentan una liberación extraordinaria de Kundalini por la presión del feto sobre la región de Kundalini entre el ano y los genitales. O pueden experimentar una mayor conciencia y capacidad videncial. Otras sufren depresiones posparto, causadas probablemente por un flujo inadecuado de Kundalini liberada durante el embarazo.

Las personas que han trabajado demasiado durante años pueden sufrir crisis nerviosas, físicas, emocionales o mentales, y pueden necesitar descansos de meses o de años enteros para recuperarse; éstas pueden achacarse también, en muchos casos, a un exceso de Kundalini extraída por el sistema para enfrentarse a la sobrecarga. Estas personas cuentan más tarde que sus «descansos obligatorios» fueron muy importantes para ellas: les dieron tiempo para pensar y para cambiar de vida. La Kundalini nos obliga, verdaderamente, a pensar y a cambiar nuestra manera misma de ser.

Las lesiones en la zona de la rabadilla pueden someter al depósito de Kundalini a una presión constante, obligando a la persona a trabajar constantemente con las energías y con los cambios que éstas provocan. El aspecto positivo es que la persona tiene la Kundalini adicional suficiente para provocar el desarrollo evolutivo interior. La pena, los traumas, el miedo, los recuerdos dolorosos... todo ello ayuda a «abrir al máximo» el subconsciente, lo que a su vez libera las energías. Entonces, los estados emocionales suelen incrementarse de manera desproporcionada con la realidad, y las personas son susceptibles de obsesionarse. Si la Kundalini extraordinaria no se elimina del subconsciente (zona del vientre) y se equilibra con el resto del cuerpo, continúa y multiplica las obsesiones. Entre los métodos que alivian el problema a base de mover y equilibrar las energías se encuentran la meditación, la danza libre durante cinco o diez minutos (hablaremos del tema más adelante), u obligarse a uno mismo a albergar pensamientos más elevados. La Kundalini buscará la zona o el chakra más abiertos para «escapar» por él si el cuerpo no está preparado para recibir sus energías, abriendo al máximo una zona o chakra concreto y tendiendo a arrastrar todas las energías hacia ese punto, como un agujero negro. Sólo una reorientación de la energía libera la obsesión.

La liberación por las «drogas recreativas» puede ser especialmente dañina, abriendo al máximo chakras o provocando la sensación de estar «quemados» que sufren algunos consumidores de drogas. El mismo motivo por el que la gente toma drogas (para tener experiencias paranormales) puede provocar una falta de capacidades paranormales en la vida diaria. Un aspecto positivo del consumo de drogas es que los consumidores pueden haberse abierto a dimensiones más elevadas y haber descubierto posibilidades místicas de la vida. El consumo de drogas, no obstante, no permite a la persona alcanzar este estado por su cuenta; de ese modo las energías no están controladas, no siempre son demasiado útiles, y a veces son extremadamente peligrosas. Las personas pueden tener experiencias, pero sin desarrollarse en el empleo de su energía evolutiva.

Cuando el exceso es en la práctica de la meditación, la liberación de la Kundalini suele realizarse con mayor suavidad, pues estas personas ya están trabajando sobre sí mismas y están abiertas al cambio. Las visiones, las experiencias místicas y el exceso de atención sobre la glándula pineal también pueden activar esta reserva de energía evolutiva y poner en movimiento nuevas oleadas a través del sistema.

Las personas que han alcanzado niveles espirituales altos en su desarrollo reciben iniciaciones espirituales de niveles espirituales altos. Estas iniciaciones suelen liberar al menos una capa más de Kundalini. (Esto no tiene nada que ver con las iniciaciones de las organizaciones terrenales, que tienen su propia liberación de Kundalini.) Las iniciaciones de los niveles espirituales altos suelen producirse con frecuencia cuando la persona está dormida, sin que sea consciente del hecho. La persona no reconoce más que un cambio en sus percepciones y en sus actitudes. Una persona que sea consciente de la iniciación, no obstante, sentirá una energía que podría compararse con la de un rayo que entrase por la parte superior de la cabeza, y que puede llegar sólo hasta el corazón o recorrer todo el camino hasta el depósito de Kundalini para liberar algo de su fuerza. La ventaja de las liberaciones de este tipo es que normalmente se produce una mayor comprensión de lo que está sucediendo dentro del sistema. La iniciación siempre trae aparejada una mayor conciencia, y la persona no se siente tan sola ni tan loca cuando la Kundalini empieza a hacer cosas raras. Pero si la persona no está preparada física, emocional o mentalmente para manejar esa fuerza, puede sufrir depresión, desorientación, enfermedades u otros problemas.

Las iniciaciones de la tierra también pueden desencadenar liberación de Kundalini. Cuando las personas se han abierto a niveles más elevados (o más profundos) de energía terrestre se produce una conexión (iniciación). Ésta abre a la persona a una conciencia de la tierra todavía mayor. Viene a través de los pies de una manera muy potente, y sube por todo el cuerpo, para salir por la parte superior de la cabeza. Si tiene la intensidad suficiente y si la persona está predispuesta, la Kundalini puede despertarse por su fuerza.

Es muy importante que las personas se desarrollen en todos los aspectos de la vida. Cada vez son más las personas que actúan en los campos de la medicina, de la religión y de la ayuda a los demás que se están familiarizando con la Kundalini, que saben reconocer sus síntomas y que son capaces de ayudar a los demás en su proceso. Es un aspecto en que todos los profesionales de la sanidad y de la «ayuda a los demás» deberían estar formados.

Los síntomas de la liberación

La subida de la Kundalini que tiene lugar antes de una limpieza y de una conciencia espiritual suficientes se considera prematura, y produce síntomas muy diversos. Además de breves periodos de conciencia aumentada y estados de beatitud o de iluminación, pueden atravesarse momentos de estupor o depresión extremos, de conducta excéntrica, enfermedades inexplicables, pérdidas de memoria, sentimientos de desorientación con uno mismo, con los amigos o con el mundo en general. Si el hígado resulta afectado, la piel puede adquirir un color amarillento, un aspecto casi sucio, por la liberación de negatividad; o algunas partes del cuerpo pueden adquirir un tono azulado o rojizo. Pueden aparecer otros colores relacionados con las concentraciones de energías de diferentes frecuencias de vibración. (Cada frecuencia de vibración tiene su color correspondiente.) La persona puede parecer envejecida, cansada o enferma, pero pocas horas más tarde puede parecer rejuvenecida en varios años y llena de vitalidad, o al revés. Otro síntoma de la liberación de Kundalini es el aspecto ennegrecido de las uñas de los dedos gordos de los pies por los reflejos excesivamente activados de los dedos gordos del pie, relacionados con la glándula pineal.

Algunas veces puede producirse una sensación de agitación al relajarse los músculos y liberar éstos más energía a los terminales nerviosos. Puede sentirse una sensación interior de saturación o de presión, un deseo de «vomitar» cualquier cosa para liberar la energía extraordinaria. Puede sangrar la nariz. La Kundalini, en sus estados más potentes, puede rasgar los tejidos humanos. Pueden producirse movimientos o sacudidas involuntarias del cuerpo; las limpiezas de Kundalini pueden verse seguidas de enfermedades, que en muchos casos se remedian simplemente cambiando las pautas de energía. A pesar de ello, haré aquí una advertencia: si el cambio de pautas no alivia la enfermedad, consulte a un médico; cuando un problema parezca tener causas clínicas, no dude en solicitar ayuda médica. Los síntomas son diferentes en cada individuo porque cada persona tiene bloqueos, o concentraciones de energía, en zonas diferentes. Cuando se libera un gran número de oleadas a la vez, podemos comparar a la Kundalini con una manguera de jardín a plena potencia: si la columna vertebral está despejada y recta, la fuerza fluye a través suyo hasta la parte superior de la cabeza, sin obstáculos; si está bloqueada, enrollada, o doblada de algún modo, el libre flujo se detiene o se obstaculiza, y la energía se dirige a la zona más próxima. Una persona con la espalda muy encorvada, por ejemplo, arrojará toda esta energía en la zona del abdomen y del plexo solar, lo que le provocará emociones intensas (ver la ilustración 1 en la página 41). Una fuerza que se prolongue durante cierto tiempo puede producir daños físicos, alteraciones de estómago, o incluso úlceras. La energía encerrada en el tórax puede hacer pensar en problemas de corazón (ver la ilustración 2). El bloqueo en el cerebro provoca pérdidas de memoria y/o aberraciones mentales (ver la ilustración 3; en la ilustración 4 se muestra el flujo correcto).

Dada la diversidad de síntomas y la falta de información sobre la Kundalini, suele achacarse a otros factores la culpa de la liberación inadecuada y excesiva. Las personas pueden sentirse hipocondriacas con todas sus diversas molestias y dolores. A veces pueden sentirse enfermas sin estarlo verdaderamente. Pueden sentir que no les queda mucha vida por delante, estando perfectamente sanos. Impera la confusión cuando las personas poco preparadas experimentan una liberación excesiva de Kundalini. Una mujer, tratada por un médico, descubrió que tenía síntomas de cáncer, de diabetes y de trastornos cardiacos, así como otros problemas, en un periodo de dos años; los síntomas desaparecieron por sí solos al continuar la limpieza. Actualmente es una vidente muy dotada. Otra mujer pasó veintiún años enferma, tratada por médicos. Éstos le dijeron finalmente que no encontraban su problema y que ya no podían hacer nada más por ella. Pero cuando la Kundalini terminó su tarea, descubrió que podían fluir a través de sus manos energías curadoras espirituales. Los malentendidos pueden retrasar el proceso de curación y sumar años de preocupaciones y de problemas. Pueden presentarse irregularmente escalofríos o ráfagas de calor como las que se producen en la menopausia, así como dotes videnciales. Son comunes los cambios de estado de ánimo, de actitudes y de gustos en cuanto a alimentación, colores y estilo. Algunas personas experimentan síntomas de esquizofrenia cuando la Kundalini libera energía de personalidades fuertes, pero no integradas, de vidas anteriores; puede ser que existieran pocas relaciones entre el alma y la personalidad, y que la personalidad se hubiera mantenido separada, para ser integrada en otra vida. La Kundalini intentará limpiar todos los recuerdos encerrados, ya sean físicos, emocionales o mentales, ya sean de sucesos traumáticos o de felicidad. Las personas pueden volver a vivir, espontáneamente o por medio de meditaciones, expe-

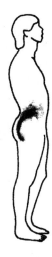

1. *Problemas emocionales.*

2. *Problemas de corazón o torácicos.*

3. *Problemas mentales.*

4. *Flujo correcto.*

riencias de su infancia o de sus vidas anteriores. Los deslices, la ira inexplicada, las fantasías sexuales o los sentimientos bajos o pervertidos: todo ello forma parte de los demonios personales, que están escondidos pero que son sacados a la luz por la limpieza de la Kundalini. Es beneficioso no tener miedo a enfrentarse con los recuerdos que están encerrados en nuestro interior. Cuando se liberan todos los bloqueos, la Kundalini fluye sin obstáculos, refinando las células y permitiendo así que la prana, o energía divina y universal, entre en el sistema de forma pura y potente.

La depresión

A todas las personas que experimentan la limpieza de Kundalini les resultará familiar la depresión, porque las energías están deprimidas en el sentido literal del término, en lo más profundo del cuerpo, para nuestra edificación. La depresión quiere decir que se está «desenterrando» algo para que lo contemplemos. Aparte de las depresiones de origen psicótico o químico, las depresiones sencillas están relacionadas con un proceso energético que todas las personas atravesamos en algún momento de nuestras vidas. Tiene mala prensa en un país como EE.UU. Tenemos que ver sus beneficios positivos: una nueva profundidad de comprensión, cariño, compasión, profundidad y gran capacidad creativa.

¡Disfrute de sus depresiones! Considere este proceso como esencialmente creativo; *introdúzcase* en las energías; exagérelas y, después, escúchelas. Deje vagar la mente. Puede recordar episodios de su infancia, de vidas anteriores, de sucesos recientes o futuros. La depresión puede abrirlo a una nueva manera de percibir las cosas, o a nuevos planteamientos filosóficos. Puede apreciar la necesidad de cambiar de peinado. Puede ensayar una nueva receta de cocina, emprender un nuevo proyecto creativo; nunca sabrá bien lo que puede surgir de las profundidades de su subconsciente. Considere que la depresión es una aventura en el lado más profundo de la vida. De hecho, al subconsciente no le gusta nada que lo llamemos «subconsciente»; en realidad se trata de nuestra *primera* conciencia, de una combinación de conciencias físicas y emocionales. Es la primera conciencia que desarrolla el niño recién nacido, la primera que se desarrolló en la especie humana. Una parte del proceso Kundalini consiste en conseguir que esta primera conciencia forme parte de nuestra vida tanto como la conciencia mental y la espiritual; al hacerlo, su energía y su información dejan de estar ocultas o de ser «sub» conscientes con respecto del resto de nuestros niveles de conciencia; se hace muy aprovechable y útil.

La mayoría de las personas tienen ideas de suicidio o deseos de muerte durante la limpieza. El hecho de pensar en el final de la vida es una parte natural del proceso, y hay que reconocerlo como tal. Muchos hábitos nuevos están muriendo, dejando campo libre a la nueva vida. El acto de enfrentarnos con comprensión a nuestros propios deseos de muerte puede ser el comienzo de una nueva vida: el mismo cuerpo, pero con un espíritu y una perspectiva nuevos. El proceso representa una liberación de los antiguos hábitos y un descubrimiento de otros nuevos.

Ejercicio de vivir o morir

Cuando explore sus sentimientos sobre el vivir o el morir, deberá ser consciente de si es usted mismo o si es su cuerpo el que quiere darse por vencido. Algunas veces el cuerpo está agotado o exhausto y está cansado de ser un vehículo; en ese caso, la buena alimentación, el reposo y los mejores cuidados le renovarán a usted y a su cuerpo el contrato con la vida. Pero si usted descubre que verdaderamente ha perdido el interés y la motivación necesarios para vivir, las prácticas siguientes pueden aportarle cierta orientación nueva:

1) En un estado tan relajado como le sea posible, medite sobre todas las cosas que haya conseguido en esta vida; prepare una lista y valórelas. Después, prepare otra lista de las cosas que le quedan por conseguir. Medite también sobre esta lista. ¿Qué debe hacer para conseguir las cosas pendientes?

2)   Sea consciente de las viejas pautas de su vida, de la vieja personalidad. ¿Qué cambios deben tener lugar para que surja un nuevo yo? ¿Cómo sería la nueva personalidad en la nueva vida? Sienta que la vieja se marcha y entra la nueva. Cuanto más sienta el cuerpo la sensación de renovación, más rápida y fácilmente realizará la transición. Convénzase de que la renovación ya está teniendo lugar.

3)   Escriba un artículo periodístico sobre usted mismo tal como podría aparecer en un periódico dentro de algunos años. Deberá reseñar sus logros y cualquier otra cosa que usted desee incluir. Medite sobre las diversas posibilidades.

4)   Examine de nuevo el deseo de muerte. ¿Existe en él algo que pudiera aportarle una visión más clara del futuro?

5)   Sienta de nuevo que el antiguo modo de vida está desapareciendo o muriendo. Procure que se produzca un renacer a un nuevo modo de vivir y de relacionarse con la vida.

La Kundalini y el sexo

La energía sexual es una octava inferior de la energía divina. Las personas que acentúan su desarrollo espiritual pueden descubrir con pesadumbre que sus impulsos sexuales también se acentúan. Algunas personas creen que Dios está «poniendo a prueba» la sinceridad de su deseo de desarrollarse espiritualmente. Este proceso es normal; cuando se abre la energía de una octava, las demás octavas se abren por un efecto de resonancia. Pero para no llegar al punto de ponerse a perseguir a posibles parejas por la calle, convendría transmutar una parte de la energía sexual en una forma superior, por medio de la meditación, o difundirla por el cuerpo para después, por medio de la orientación mental, transmutarla en curación, fuerza interior, creatividad, alegría, beatitud, devoción o iluminación. Algunas personas recomiendan el celibato durante la subida o la limpieza de Kundalini, como método para empujar la energía sexual hasta niveles superiores; pero yo creo que ésta es una decisión que debe tomar cada persona, decisión que puede variar rápidamente en algunos casos. En la era de Acuario las energías son lo bastante intensas como para que pueda hacerse una vida sexual normal durante el desarrollo. Si la decisión que toma le produce algún tipo de problemas, quizás tenga que buscarse alternativas.

Durante un desarrollo espiritual o una limpieza de Kundalini fuertes, los recuerdos de la vida anterior pueden estar próximos a la superficie, haciendo que nos sintamos atraídos por personas con las que hemos estado relacionadas sexualmente en una vida anterior. Algunas personas opinan que una relación sexual de una vida anterior debe continuarse en la vida actual. ¡No necesariamente! Sea discreto y responsable con sus energías: podría acabar agotándose o encontrarse con relaciones personales difíciles. Si le sucede esto a usted o a su cónyuge, ¡no se deje dominar por el pánico! Sea consciente de las nuevas influencias, y espere un poco antes de hacer cambios importantes para ver cómo se asientan las energías.

Las relaciones amorosas que se inician durante el desarrollo acelerado no suelen ser duraderas. Pueden ser intensas, pero, como dice la canción, «es demasiado caliente como para que no se enfríe» [1]. Como factor positivo, el hecho de equilibrar las polaridades de estas relaciones (sexuales o no) puede acelerar el desarrollo. Los matrimonios no tienen por qué concluir porque uno de los cónyuges esté creciendo y el otro, aparentemente, no lo esté; es posible que el desarrollo del segundo sea más lento, o que siga otra orientación. En un buen matrimonio o en unas buenas relaciones de pareja, cada persona ha de disponer de la libertad necesaria para desarrollarse o para aprender, para seguir su propio camino. Practique siempre el respeto y la ternura hacia el otro. La comprensión también es buena, pero hay días en que no nos entendemos siquiera a nosotros mismos.

La tensión de la experiencia Kundalini acelera en muchos casos la disolución de un matrimonio o de una relación de pareja que no es sana ni se espera que lo sea. En este caso, la pareja debe seguir un proceso de pre-divorcio, del mismo modo que se

---

[1] De la canción *Just One of Those Things*, de Cole Porter.

sigue un proceso de noviazgo antes del matrimonio: el divorcio debe venir precedido de una preparación amorosa. Es mejor concluir una relación de pareja de manera positiva; ¡es probable que usted se vuelva a encontrar con la persona en una vida posterior!

La Kundalini puede afectar al aspecto sexual de diversos modos. Pueden existir periodos cortos o prolongados de apatía, o de aparente falta de capacidad. Puede existir incluso frigidez, impotencia, o falta absoluta de placer. Pero cuando se ha limpiado el aspecto sexual, la energía sexual puede transmutarse y utilizarse para nuevas limpiezas y curaciones del sistema. La energía sexual se puede utilizar para muchos fines diferentes más allá del acto de la unión sexual: para alcanzar creatividad, mayores capacidades mentales, iluminación, fuerza interior y alegría de vivir. Cuando dejamos de ser cautivos de los impulsos o de los bloqueos sexuales, redescubrimos el sexo como uno de los medios de expresión de la vida. Durante la limpieza de Kundalini, usted debe aceptarse a sí mismo como ser sexual y reconocer que la energía sexual es importante para su desarrollo espiritual.

La homosexualidad y el lesbianismo pueden hacer acto de aparición cuando la energía Kundalini produce un estado de androginia. La Kundalini obliga a las personas a enfrentarse con sus polaridades masculina y femenina (ver la ilustración anterior). La femenina se relaciona con la mitad izquierda del cuerpo, con las emociones y la intuición, mientras que la masculina se relaciona con la mitad derecha del cuerpo, con las actividades lógicas y mentales. La unión de las polaridades por medio de la androginia (el desarrollo de ambas mitades) permite que fluyan por el cuerpo fuerzas muy creativas y espirituales; la persona así afectada puede experimentar estados de homosexualidad o de lesbianismo durante periodos cortos: pensamientos, sentimientos y tendencias, pero sin actos. O también es posible que este estado dure meses, años, o toda una vida. Por supuesto, las tendencias homosexuales o lesbianas pueden tener otros motivos aparte de la acción de la Kundalini.

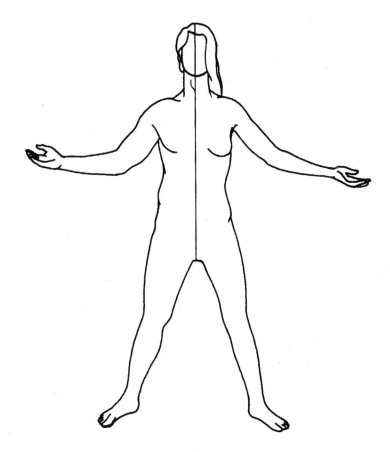

Derecha-Lado Masculino   *Izquierda-Lado Femenino*

Las rarezas

Durante el proceso Kundalini se producen muchas experiencias raras o aparentemente inexplicables. A veces es mejor anotarlas en un diario y no preocuparse por ellas. Si le inquietan, quizás deba comentárselas a un consejero o a una persona familiarizada con la Kundalini. En casos extremos de liberación de

Kundalini, la persona puede temer que está perdiendo el juicio; estos temores son muy desproporcionados en casi todos los casos. Y también existen casos en que a la persona no le importa perder la cabeza o no perderla. Cuando la tensión es demasiado alta, es fundamental liberarse del trabajo o de la rutina diaria. Es mejor apartar la mente de la tensión leyendo, entrando en contacto con la naturaleza, viendo la televisión... haciendo cualquier cosa que resulte útil. Un consejero comprensivo puede ayudarle a limpiar sus «armarios» más profundos; el problema es que en cuanto usted soluciona una cosa se encuentra con que hay varias más esperando turno. Recuerde: este proceso puede llevar mucho tiempo. Puede resultar útil concebirlo como un cursillo de humanidad elemental. A lo largo del proceso, dése a sí mismo mucho ánimo y palmadas de aliento. Todos los que atraviesan una limpieza de Kundalini fuerte cambian toda su filosofía de la vida y el modo en que quieren vivir esa filosofía. Es posible experimentar una serie de oleadas de Kundalini, vivir una limpieza y, en una fecha posterior, experimentar más liberación y volver a vivir el proceso. La primera vez es la más difícil. Las limpiezas sucesivas son más sencillas, aunque las oleadas de Kundalini alcanzan una profundidad mucho mayor.

Vivir en el mundo durante la limpieza

La vida es mucho más difícil para los que se encuentran atrapados en el mundo de la jornada laboral de ocho horas, porque encontrar el tiempo para trabajar con el proceso Kundalini es todo un desafío. Pero si usted no encuentra el tiempo necesario con regularidad, puede descubrir que contrae la «gripe Kundalini», en la que las energías se atascan tanto en el sistema que provocan molestias, dolores, o síntomas semejantes a los de la gripe. Pueden enfermarle tanto que verdaderamente no pueda ir al trabajo. El descanso en cama deja rienda suelta a la Kundalini para que fluya por su sistema. Cuando eso sucede, usted está mejor o se siente mejor.

Pero puede hacer muchas cosas, aparte de quedarse en la cama, para facilitar el flujo correcto y sin obstáculos de la Kundalini (ya se hayan liberado sólo una o dos oleadas, o una cantidad superior). Uno de los objetivos de la Kundalini es limpiar y refinar las células del cuerpo para que las energías mentales y espirituales superiores puedan operar en el sistema. Cualquier cosa que contribuya a este proceso es beneficiosa. Aprender a ser conscientes de dónde está la energía y de dónde quiere ir y contribuir a su movimiento acorta el tiempo de limpieza y reduce el dolor y la confusión. Puede que no sea más que una cuestión de aceptar los pensamientos y los sentimientos y dejar que nos llenen; o puede consistir en trasladar la energía, por medio del control o de la visualización, desde una zona de acumulación excesiva, haciéndola volver a la columna vertebral, subir por la misma y salir por la parte superior de la cabeza (ver Técnica de mezclado y lluvia, página 250). El hecho de liberar la presión de una zona afectada fomenta la curación. Si usted trabaja fuera de su hogar, sin libertad de horario, puede aprovechar los descansos y las horas de comida para sintonizar con su sistema, centrar las energías y relajarse. Unos pocos minutos aquí y allá a lo largo del día pueden ser muy útiles. Dedique también cierto tiempo a ejercicios de reflexión y energía antes o después del trabajo. Anote sus pensamientos, sus sentimientos y sus experiencias; intente dedicar a ello una hora al día, por lo menos.

Algunos matrimonios sufren tensiones irreparables durante la limpieza de Kundalini de uno de los cónyuges. Son dignos de alabanza los cónyuges que capean el temporal de los estados de ánimo variables y de las energías poderosas. Algunas veces, la liberación de Kundalini de una persona desencadena la liberación de su cónyuge; esto indica que la pareja tiene que desarrollarse y abrirse a nuevas posibilidades de la vida (no los dos del mismo modo, sino como individuos). Debemos mencionar que no todas las rupturas de matrimonios que tienen lugar durante una limpieza de Kundalini se deben al proceso Kundalini de uno de los cónyuges.

Es posible que sus conocidos, amigos y compañeros de trabajo no comprendan lo que le sucede a usted. No se canse en darles largas definiciones y explicaciones. No por ello dejarían de considerarlo algo obsesionado y quizás algo loco. Explíqueles que está pasando por una fase de trabajo con la energía, y déjelo así. Los que entienden el proceso quizás sean capaces de formularle preguntas adecuadas y de compartir con usted una parte de sus propias experiencias. Yo achaqué los síntomas más graves de mi propia liberación a la menopausia y a problemas de hipoglucemia. Al fin y al cabo, yo estaba en la edad de la menopausia y era cierto que padecía algo de hipoglucemia; los síntomas eran semejantes, y esta explicación me ahorró muchas explicaciones inútiles. En cualquier caso, la vuelta a una vida tan sencilla y tan simple como sea posible es prácticamente indispensable. La eliminación de actividades externas innecesarias puede ser no sólo útil sino obligada. La participación en actividades que le exijan poca atención por su parte puede relajarle y permitir que los procesos corporales continúen más o menos por su cuenta. Hay ocasiones en que debemos ser conscientes de la limpieza, y hay otras en que debemos olvidarla.

Dejarse atrapar por el proceso con demasiada intensidad retrasa los progresos. Manténgase objetivo y evite la morbosidad. Recuerde que la limpieza de Kundalini es un proceso natural. Durante una liberación excesiva, puede llegar a ser mucho más notable y difícil de soportar. Esté preparado para que suceda cualquier cosa durante las limpiezas: cambios radicales de la personalidad, de la espiritualidad, o de cualquier nivel del ser. No obstante, usted tiene que funcionar en su mundo; para ello, conserve un mínimo de control. Es muy beneficioso el tiempo que se pasa en contacto con la naturaleza. Las actividades creativas y la música son partes importantes del despliegue. Las prácticas saludables son indispensables: bastante tensión sufre ya su sistema. Al cuerpo le resulta difícil digerir los productos químicos; por ello, intente evitar los conservantes y los colorantes y los sabores artificiales. Puede ser útil hacer comidas moderadas y más frecuentes, hasta seis u ocho al día en los casos más agudos. Así se facilita la digestión y se desacelera todo el proceso. Los medicamentos y drogas innecesarias no hacen más que aumentar la carga que tiene que soportar el sistema. Las preocupaciones e inquietudes inútiles también aumentan la carga, mientras que la comprensión y la aceptación del proceso son muy beneficiosas.

A usted pueden apetecerle alimentos que fomentan la liberación del contenido emocional de la energía bloqueada. Mantenga, no obstante, un régimen equilibrado siempre que le sea posible. El consumo ocasional de comida «basura» cuando la energía es demasiado elevada puede ser útil para retardar el proceso. Cada persona debe juzgar lo que es mejor para ella. (Yo me curé el estreñimiento que me provocó la liberación de Kundalini comiendo *brownies* [bizcochos de chocolate y nueces] y eneldos en vinagre, todo junto.) Es importante entrar en contacto con lo que da resultado. Descanse bastante, más de lo normal. El descanso no necesariamente debe consistir en dormir (a muchas personas les resulta muy difícil dormir durante las limpiezas), pero el descanso de todo el sistema es esencial.

El ejercicio físico es indispensable, aunque usted no se sienta capaz de practicarlo. En casos extremos, cuando no parece que exista la energía suficiente para realizar siquiera el más suave de los ejercicios, pruebe a practicar estiramientos sencillos, en la cama o sobre el suelo. La respiración tranquila y profunda es muy beneficiosa. La danza, sobre todo libre, los paseos, el ciclismo y la natación ayudan a mantener el flujo de la energía, y también sirven para deshacer los bloqueos. Los deportes como el yoga, el tai chi y el yudo fomentan el flujo de la energía y liberan los bloqueos del sistema. Durante una liberación excesiva, no obstante, modérese en la práctica de estos ejercicios, si es que los practica, pues tienen una tendencia a producir liberaciones de Kundalini todavía mayores. Los tratamientos osteopáticos y/o quiroprácticos pueden servir para mantener alineada la columna vertebral y para facilitar el flujo. El masaje es un medio excelente para liberar la energía bloqueada y para poner en movimiento energías que ya están desbloqueadas pero que no están plenamente liberadas del cuerpo. Durante el masaje, deje vagar la mente y permita que sus sentimientos se hagan conscientes. Puede ser útil para algunas personas el trabajo muscular pesado, que libera los bloqueos más intensos, provocando no sólo la liberación a nivel físico, sino a nivel emocional, mental y (a veces) espiritual. Pero, en este caso, es posible encontrarse con que es tanta la energía que se libera en un periodo de tiempo tan corto que se acumulan las preocupaciones y se hace más difícil todavía controlar toda la situación. Un sistema bloquea la energía por el miedo de la persona a manejar dicha energía. La liberación repentina aporta a veces más energía de la necesaria; las estructuras antiguas se marchan tan deprisa que a la persona le puede resultar difícil conocer su lugar dentro de su nuevo estado, hasta el punto de que llega a intentar restablecer el bloqueo. Cuando se libera demasiada Kundalini en el proceso, puede ser el momento de acudir a un consejero profesional.

Algunas personas sienten picores en algún momento de la liberación de Kundalini, en zonas concretas de la piel o en todo el cuerpo. Puede ser útil aplicar friegas de lociones. En las liberaciones extremas, es muy beneficioso tomar un baño o ducha diaria o varios cada día.

Un problema muy real en la limpieza de Kundalini es la falta de comprensión de lo que está sucediendo. Por falta de comprensión o de valor, podemos intentar bloquear los sentimientos, en lugar de hacerles frente y de permitir que se limpien. Es verdad que esto puede suceder inconscientemente, pero cualquier intento de bloquear o de cerrar los flujos de energía o la limpieza puede hacer que la energía se invierta y se encierre en zonas concretas, con consecuencias graves, desastrosas a veces. En casos extremos, ciertas personas quedan postradas en cama durante años. Si la Kundalini baja en vez de subir, pueden presentarse graves problemas en las piernas, incluso parálisis temporales. Un flujo descendente puede provocar también una tremenda negatividad. Un síntoma común de la limpieza de Kundalini es la desorientación, el sentimiento de no estar conectados y de que nada nos puede aportar una sensación de estabilidad ni de seguridad. Dado que la limpieza elimina todos los antiguos bloqueos y pautas y deja sitio a un nuevo flujo de energía, no es de extrañar que se produzca la desorientación: es como derribar toda una casa salvo la fachada para reconstruirla. ¡A veces es doloroso!

Puede verse obligado a comprender los sucesos bajo una luz diferente, o a perdonarse a sí mismo y a los demás para poder completar la liberación. La comprensión poco profunda y la falta de amor provocan bloqueos más rígidos que los que provocan otras deficiencias humanas, como el miedo, el egoísmo y la codicia. Algunas veces, el hecho de exagerar la sensación o la emoción puede fomentar la liberación, aportando a la persona una sensación de control y, al mismo tiempo, introduciendo más conciencia en la situación.

La limpieza de Kundalini es esencialmente un viaje del yo, pero no es sólo para el yo. Sus energías ayudarán a otras personas a desarrollarse y a evolucionar más. Usted debe disponer de un sistema de control; no para que éste asuma en el proceso el papel de usted, sino simplemente para que le ayude.

- La fe es uno de los ingredientes más importantes para el éxito del proceso de limpieza de Kundalini.
- La fe en el hecho de que se trata de un proceso para el que serán muy beneficiosos cierta atención y orientación.
- La fe en el hecho de que tiene un propósito propio, que es la elevación de usted.
- La fe en sí mismo, en que será capaz de volver a levantarse después de pasar por lo que tenga que pasar.
- La fe en un ser supremo o divino que sabe lo que usted está pasando y que le importa.

Las oraciones y las energías devotas pueden aliviar una buena parte de la carga. Algún día usted volverá la vista atrás y dirá que todo valió la pena.

Ejercicios para soportar la liberación involuntaria

Los siguientes ejercicios pueden ser practicados por cualquier persona, aunque no les esté fluyendo la Kundalini. Están pensados especialmente para limpiar y para refinar. Algunos contribuyen a desarrollar el control de las energías. Cuando un ejercicio determinado libere demasiada energía, no vuelva a practicarlo hasta que la nueva energía esté integrada en el sistema.

Procure contar con un amigo que le dirija los ejercicios, pues es mucho más fácil «entrar» en un ejercicio cuando no tenga que leer las instrucciones mientras lo practica. Si no cuenta con nadie que le ayude, puede grabar las instrucciones.

Cuando cuente con poco tiempo o con poca atención, los cuatro ejercicios siguientes pueden ayudarle mucho durante periodos cortos.

La respiración profunda y tranquila

Relaje su cuerpo todo lo que pueda mientras mantiene recta la espalda. Lo mejor es tumbarse. Respire profunda y lentamente, como se lo pida el sistema. Si le resulta más fácil la respiración abdominal, practíquela; si le resulta más fácil la torácica, practique ésta. Haga lo que le resulte más tranquilo, de tal modo que no tenga que concentrarse en la mecánica del ejercicio. (Este ejercicio tiende a corregir de manera natural muchos problemas de respiración.)

Deje que la respiración profundice en el cuerpo, que profundice en cada célula. Si la pauta respiratoria empieza a cambiar, déjela que cambie. Deje que el cuerpo elija lo que desea. Vea cómo entra en cada célula la energía de la respiración. Este ejercicio es excelente, ya lo practique durante algunos minutos o durante media hora. También es excelente antes de las meditaciones, durante el día como refresco, o para relajarse antes de dormir.

El control mental

Aprender a controlar el flujo y la orientación de la energía corporal reducirá mucho las concentraciones de ésta. He aquí tres modos de conseguirlo:

1)   Sea consciente de cualquier zona del sistema que parezca bloqueada, y deje que la energía irradie desde ella a todo el cuerpo.

2)   Sea consciente de cualquier zona que parezca bloqueada y «piense» que la energía vuelve a entrar en la columna, que sube y que sale por la parte superior de la cabeza.

3)   Sea consciente de cualquier zona que esté tensa, y «piense» que entra nueva energía en la tensión, para ayudar a romperla y a liberarla.

La meditación abierta

Practique durante algunos minutos el ejercicio de respiración profunda y tranquila. Concentre su atención sobre cualquier zona del cuerpo que provoque dolores o que se sienta bloqueada. También es útil aplicar masaje sobre la zona. Deje que su atención vague por donde quiera. Normalmente le vendrán a la cabeza situaciones, sentimientos o pensamientos relacionados con la zona problemática; limítese a observarlos y a observar las sensaciones del cuerpo. No intente detenerlos. Si le acuden las lágrimas, déjelas salir. La liberación de pensamientos y de sentimientos bloqueados puede conseguirse en quince minutos, o incluso en cinco, o puede llevar hasta una hora. Cuando el sistema se inunda de energía nueva suele aparecer una sensación de paz.

La pantalla limpiadora

Acuéstese y practique durante algunos minutos el ejercicio de respiración profunda y tranquila. Imagínese que está tendido sobre una pantalla mayor que su cuerpo físico. Visualice lentamente o imagínese que la pantalla asciende a través de su cuerpo, limpiando toda la negatividad y eliminando los bloqueos. Hecho eso, rece pidiendo que la energía de la negatividad y de los bloqueos vuelva a convertirse en energía pura y se libere en el universo por el bien de todos. Quizás prefiera observar los bloqueos y pensar en su simbolismo.

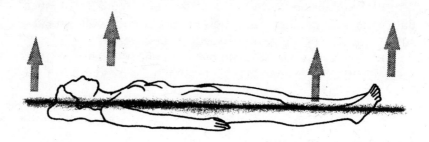

La pantalla limpiadora imaginaria atraviesa el cuerpo, eliminando los bloqueos.

El brécol

(Este ejercicio se llama «el brécol» porque la energía se parece mucho a los tallos de brécol.) Elija una zona de su cuerpo que parezca perezosa o que le esté causando problemas. Imagínese que esa zona está llena de energías del color del brécol, con un aspecto más bien sólido. Después, visualice que la parte más próxima de la superficie de la piel está compuesta de burbujas verdes, parecidas a la superficie de las flores del brécol; imagine o visualice que las burbujas adquieren un color verde claro, primero, y dorado después, cuando la energía se libera a través de la piel.

La relajación de la columna

Este ejercicio sirve para relajar la «superautopista» o «canal de comunicaciones». Acuéstese, colocando los brazos en el suelo, por encima de la cabeza. Levante las rodillas hasta el pecho. Sienta el contacto de la columna con el suelo; deje que se relaje; déjela ir. Deje que la tensión caiga al suelo. Sea consciente de las zonas en que persiste la tensión y apliquese un masaje en cada una de ellas. Si le es posible, haga que otra persona le aplique un masaje en la espalda. Repita el ejercicio. Pase de cinco a diez minutos en un estado de meditación.

Ejercicios de respiración

Una de las cosas más importantes que hay que tener en cuenta, en la limpieza de Kundalini o fuera de ella, es la respiración. Los ejercicios de respiración tienen muchas variantes en función de su propósito. A continuación indicaré algunas posibilidades. Sea prudente, pues las técnicas de respiración más avanzadas pueden liberar Kundalini de maneras incontrolables.

La respiración cromática. Siéntese o acuéstese cómodamente, procurando tener recta la columna. Empiece a respirar con todo el cuerpo, sintiendo cómo el aliento entra en cada célula; imagínese después que su cuerpo se llena de una luz roja (que sea roja «de amor» para que no le saque a relucir frustraciones antiguas). Manténgase así durante algunos minutos, inspirándolo en cada célula, consciente del carácter vibratorio del sistema. Libere la luz roja y repita el proceso con los colores anaranjado, amarillo, verde, azul, morado y azul lavanda (por ese orden). Por último, llene el cuerpo de una luz blanca brillante y medite sobre la fuente divina. (La meditación puede variarse, centrándose en Dios, en un ser espiritual, en el universo, en el propósito de la vida o en una frase o idea espiritual.) Finalizado el ejercicio, estire todo su cuerpo.

La respiración vibratoria. Siéntese erguido o acuéstese cómodamente, con la columna recta. Respire hondo, dejando que se levante toda la región torácica y la abdominal. En primer lugar, llene de aire la parte inferior del tórax, ampliando ligeramente el abdomen; después, dilate la parte media del tórax, y por último la parte superior del tórax. Inspire mientras cuenta hasta siete; mantenga el aire mientras cuenta hasta siete; espire mientras cuenta hasta siete, y contenga la respiración mientras cuenta hasta siete. Repita el proceso. Puede sincronizar la cuenta con los latidos de su corazón; la velocidad no importa tanto como la regularidad y la continuidad.

Si apenas se le mueve el tórax en la inspiración o en la espiración, pruebe a empujarlo conscientemente hacia delante al inspirar y a recogerlo al espirar. Algunas personas tienen la caja torácica tan bloqueada por su sistema muscular que les resulta difícil respirar a fondo. Cuando se ponga en marcha el ritmo y la cuenta se convierta en automática, sea consciente del pulso del universo (de su movimiento de entrada y salida) y del zumbido de sus vibraciones. Después de este ejercicio puede practicar la meditación abierta.

La respiración liberadora. Respire profunda y tranquilamente. Concéntrese viendo cómo su aliento sale de los dedos de sus pies primero, de los dedos de sus manos después, y, por fin, de la parte superior de su cabeza. Visualice o imagine que su aliento se lleva consigo las tensiones de la vida al abandonar estas zonas.

Éste es un ejercicio excelente para igualar la energía del cuerpo, relajando así el sistema. Aporta una sensación de refresco, sobre todo cuando se practica seguido de al menos cinco o diez minutos de reposo.

La respiración completa. Se llama «respiración completa» a este ejercicio porque, cuando se practica correctamente, el ciclo respiratorio llena todo el sistema. Al principio, practíquelo acostado. Doble las rodillas hasta tener las plantas de los pies sobre el suelo; coloque las manos (de modo que apenas se toquen las puntas de los dedos) sobre el vientre, por debajo del ombligo. Al inspirar, separe ligeramente los dedos. Cuando adquiera cierta destreza, pruebe a respirar de esta manera estando sentado, y más tarde de pie. Deberá convertirse, a la larga, en su modo normal de respirar. Tiene seis pasos:

1) Llene la parte inferior de los pulmones, dejando que se extienda el diafragma y que se dilate la pared abdominal.
2) Llene la parte media de la zona de los pulmones, permitiendo que se ensanche la caja torácica.

3) Llene la parte superior de los pulmones, permitiendo que se ensanche la parte superior del tórax y que retroceda la pared abdominal. El acto de retraer de nuevo la pared abdominal permite que se llene más completamente la parte superior de los pulmones. (NOTA: Realice los tres pasos anteriores en un movimiento ininterrumpido, cubriendo seis pulsaciones del corazón.)

4) Contenga la respiración durante algunos segundos, permitiendo que el tórax y el abdomen se relajen más plenamente.

5) Espire lenta y regularmente, tirando del abdomen, y levantándolo y permitiendo que se contraiga el tórax; hágalo durante seis pulsaciones del corazón.

6) Deje que se relajen su tórax y su abdomen, y permanezca en reposo durante algunos segundos antes de emprender de nuevo el proceso. Asegúrese de tener relajada también la espalda.

Cuando esté sentado o de pie, asegúrese de tener el pecho muy erguido; si anda encorvado, los pulmones no se le podrán llenar debidamente. Esto no es fácil al principio; tendrá que practicar y tener paciencia. Al principio basta con realizar dos respiraciones completas. Aumente paulatinamente el número hasta llegar a realizar diez respiraciones completas PLENAS sin esfuerzo.

La respiración limpiadora. Realice primero tres respiraciones completas (ver el ejercicio anterior), conteniendo la respiración durante varios segundos tras la tercera respiración completa. Después, conteniendo firmemente los carrillos, frunza los labios e impulse el aliento en ráfagas cortas, conteniéndolo brevemente entre cada ráfaga. Continúe el proceso hasta que haya expulsado todo el aire. La fuerza de cada «ráfaga» ayuda a limpiar el sistema y a revitalizarlo. Repita el proceso, con sólo una respiración completa antes de cada exhalación.

La respiración de flauta. Repita el ejercicio anterior, pero al espirar cierre los labios como si estuviera tocando la flauta o haciendo sonar el cuello de una botella. Mantenga una corriente ininterrumpida de aire durante toda la espiración hasta que haya expulsado todo el aire. Así se libera la energía sobrante.

Capítulo 3

El programa diario

Ceñirse a un programa diario ayuda a la persona a mantenerse centrada y le evita nuevos bloqueos de la Kundalini
mientras ésta fluye velozmente por el cuerpo. También aporta
la sensación de hacer algo, de mantener el control en cierto
modo. Los programas diarios también ayudan a estabilizar las
«rarezas».

Es mejor que usted se marque su propio programa diario, a
la medida de sus necesidades personales. A continuación le pro-
pongo algunas sugerencias; adáptelas o modifíquelas como le
parezca necesario.

Puede pensar en disciplinarse a sí mismo para seguir su programa diario. No obstante, la disciplina consiste en imponerse
sobre sí mismo formas y estructuras. Esto se opone abiertamen-
te a la Kundalini, que aspira a un mayor flujo y que produce
motivación: hacer las cosas porque «se quiere», en vez de porque «hay que hacerlas», como cuando se impone una disciplina.
El programa diario de la persona será entonces mucho más
beneficioso por el hecho de estar fluyendo la energía, en vez de
estar siendo empujada. Si a usted le resulta difícil motivarse,
pruebe a imaginarse que está realizando los ejercicios u otras
partes del programa. Así se vuelve a introducir la energía en el
cuerpo, y al buscar expresión esta energía aparecerá automáticamente la motivación.

El ejercicio

Se impone practicar algún tipo de actividad física cuando se ha liberado Kundalini. Es necesario mantener en movimiento la energía, evitando así nuevos bloqueos y concentraciones de energías que provocan hemorragias, dolores, u otros problemas físicos. Cada persona debe decidir individualmente cuál es el ejercicio que le resulta más útil. Yo he descubierto que los estiramientos lentos y gráciles, combinados con la respiración profunda y tranquila, son muy beneficiosos. También me ha resultado excepcionalmente útil la danza libre.

La danza libre

En la danza libre, el cuerpo ayuda a la danza en su expresión de sentimientos, de pensamientos o de sensaciones corporales. El estilo de cada persona es diferente, porque es diferente aquello con lo que trabaja cada persona. Si a usted le da vergüenza bailar, quizás prefiera encerrarse en su dormitorio o esperar a quedarse solo en casa. Muchas personas (sobre todo los hombres) se inhiben bastante a la hora de practicar movimientos libres; pueden preferir el tai chi, una antigua técnica china de movimientos energéticos, increíblemente eficaz a la hora de liberar y de mover la energía. Algunas personas pueden descubrir que la danza libera demasiado y demasiado aprisa, y deben limitarse un poco en su práctica.

En la danza libre suelen practicarse muchos movimientos de brazos, que producen liberaciones de energía y grandes cambios corporales. Al contraer y al inclinar hacia delante los hombros se controla la energía del cuerpo y se retrae la expresión, que se libera automáticamente con los movimientos de brazos.

Al principio, la mayoría de las personas se sienten menos violentas moviendo solo la mitad superior del cuerpo; pero procure mover también la mitad inferior. Muchas personas se sienten limitadas o ceñidas por sus cuerpos y quieren librarse de ellos. No tienen en cuenta que fueron ellas mismas las que crearon las limitaciones, a base de bloquear la expresión o de crear tensión corporal con miedos, preocupaciones desproporcionadas o excesos de trabajo. Podemos aprender a sentir una gran libertad por medio del cuerpo.

Utilice música variada; cada tipo de música funciona de una manera diferente. Si no dispone de música, puede probar a «hacer sonar» los sentimientos que tiene dentro. Para ello, libere cualquier sonido que quiera salir. Una alternativa es «hacer sonar» o sentir un ritmo imaginario.

Otros modos de iniciarse son bailar mientras se está sentado, los estiramientos como forma de danza, o tumbarse e imaginarse la danza antes de bailar.

Variantes

1)   Dirija su conciencia hacia la fasces superficial (la superficie que está inmediatamente por debajo de la piel de todo el cuerpo). La conciencia continuada liberará la energía en el sistema de la fasces, influyendo sobre la danza. Esto es enormemente beneficioso para la circulación.

2)   Imagínese que se encuentra en una época diferente, con ropas adecuadas para la época. Quizás le interese hacer sonar música que se corresponda con el ambiente que está creando. Mientras baila, pueden venirle a la mente escenas o recuerdos espontáneos. Puede, incluso, liberar bloqueos de aquella época; los bloqueos a veces se traspasan a la vida actual.

3)   La danza con un compañero o con varios puede mejorar mutuamente la liberación de energía.

Ejercicios energéticos

La práctica de algún tipo de ejercicio energético estructurado cada día o cada dos días es muy útil para aprender a ser conscientes de la energía y a controlar su movimiento. A continuación le presento dos propuestas. Si usted libera demasiada energía con estos ejercicios, espacie o suspenda su práctica durante cierto tiempo hasta que su cuerpo se ponga al día con los cambios energéticos.

1)   El ejercicio básico de Kundalini y los chakras que se describe en la página 96. Puede practicarse muy rápidamente como ejercicio energético, o más lentamente si quiere dedicar más tiempo al desarrollo de los chakras.

2)   El *Sushumna* básico (el Nadi principal situado en la columna vertebral; ver página 236). Centre su atención en el *Sushumna*, en el centro de su columna vertebral. Sienta cómo se abre y se libera. Respire tranquila y profundamente hacia el interior del *Sushumna*, y también a su alrededor, visualizando toda la zona bañada de luz (ver ilustración en color núm. 4).

Variantes

a)   Visualice una luz plateada (espiritual), y en otras ocasiones una luz dorada (mental superior); así se desarrollan ambas energías y se mantienen en equilibrio.

b)   Utilice luces de los colores del arco iris, uno cada vez, como medio para aprender a cambiar todavía más las frecuencias de la energía. Esto aporta una mayor flexibilidad al yo, y le da la capacidad de «cambiar de marcha» en función de las necesidades de cada momento del día. Un problema que tienen muchas personas en nuestro mundo acelerado es el de no tener la flexibilidad suficiente para ceñirse a las circunstancias adoptando los cambios necesarios. Esta variante le impide volverse malhumorado o estresado con la tensión diaria.

c)   Mientras baila, concéntrese en las zonas que tenga bloqueadas o tensas. Quizás le interese dejar que su energía se difunda por todo el cuerpo, aportando ligereza y una sensación de libertad.

d)   Sentado o acostado, difunda la energía del *Sushumna* a todas las células del cuerpo, llevándoles luz.

e)   En cualquier momento del ejercicio, pronuncie las oraciones o los mantras que desee.

f) Mientras visualiza la energía dentro del *Sushumna* y a su alrededor, y por todo su cuerpo, visualice lo que hará el día siguiente (si está realizando el ejercicio por la mañana, visualice las actividades del mismo día). Esto aporta equilibrio y eficacia a su trabajo.

g) Visualizando la energía dentro del *Sushumna* y a su alrededor, y por todo su cuerpo, levante el pecho y respire profunda y tranquilamente; esto ayuda a limpiar y a refinar el cuerpo. Sea consciente también del flujo y del brillo de sus chakras.

h) Piense en la columna vertebral, que es la superautopista más importante para el flujo de la Kundalini. Mantenga espacio suficiente para que los nervios puedan seguir con su trabajo de comunicación. Los vasos sanguíneos de esta zona también utilizan esta infraestructura. Todo el sistema funciona mejor cuando la columna está en «buena forma».

i) La práctica de cualquiera de estas variantes al aire libre puede abrirlo a una nueva conciencia de la naturaleza. Los ejercicios al aire libre, practicados al menos una vez en cada estación del año, le ayudan a mantenerse dentro del ritmo de la vida.

j) De pie, al aire libre, visualice energía dorada y plateada dentro del *Sushumna* que irradia hacia fuera de éste. Añada una conciencia de que esta energía penetra profundamente en la Tierra y que asciende al Cielo, aumentando su sentimiento de conexión con la eternidad, mientras usted sigue bien presente aquí.

k) Mientras practica la variante *d)*, equilibre el desarrollo general dedicando algún tiempo a la conciencia de su cuerpo físico, y, después, de sus niveles emocional, mental y espiritual.

l) También mientras practica la variante *d)*, sea consciente de sus lados izquierdo y derecho, incluidos los hemisferios derecho e izquierdo del cerebro; siéntalos en equilibrio. Visualice un *cuerpo calloso* (el puente de unión entre los dos hemisferios cerebrales); sienta que la luz del *Sushumna* equilibra y mezcla entre sí las energías de la izquierda y de la derecha. Esto fomenta la creatividad y lo deja a usted centrado.

m) Después de visualizar el *Sushumna* lleno de luz, haga que esa luz se extienda a todo el cuerpo, y visualice todos los

Variante J: Deje que las energías se expandan hacia el cielo y hacia la tierra.

Nadis abiertos y resplandecientes; hay millares de ellos en el cuerpo; juntos, forman un sistema nervioso etéreo que tiene la posibilidad de vivificar todo el cuerpo y los chakras.

n) Practique brevemente la variante *d)* varias veces al día como ejercicio de meditación para centrarse, introduciendo una fuerza y un flujo interiores adecuados para las actividades del día.

Una vida equilibrada

Equilibre su programa diario en la medida que le sea posible; dedique algún tiempo a cada una de las actividades siguientes:

a) SER. Dedique algún tiempo cada día a ser, simplemente, dejando todo lo demás. No tiene ninguna necesidad de justificarse, ni de demostrarse nada a sí mismo, ni de explicarse nada; usted es lo que es. Es bueno que dedique algunos momentos a SER quien es (aunque ni siquiera esté seguro de quién es usted).

b) HACER. Ya se trate de ejercicios, de sacar la basura, de planear una gran operación financiera o de visitar a unos amigos, HAGA algo. Todos necesitamos la sensación de haber conseguido algo. HACER cosas también forma a nuestra energía para que sea aprovechable.

c) APRENDER. Ya se trate de algo importante para su vida o de algo que ni siquiera le importa, dedique un tiempo a APRENDER algo; dilate la capacidad y la utilidad de su cerebro. En un sistema que funciona bien, la energía fluye bien a través del cerebro.

d) INSPIRACIÓN. Deje que el espíritu fluya a través suyo cada día, ya sea por medio del amor, de la alegría, de la unión con lo Divino, de la creatividad o de la beatitud. La inspiración es un alimento físico importante para nuestros sistemas; en concreto, la creatividad es muy importante como expresión de la nueva Kundalini; llevar el diario, escribir, hacer garabatos, dibujar o pintar, hacer fotografías, reunir colecciones: todos son medios excelentes para expresar esta energía.

El aprecio

Antes de dormirse cada noche, siéntase bien acerca de algo que haya hecho, aunque no fuera más que soportar la jornada. Usted es la única persona que sabe verdaderamente lo duro que trabaja, la tensión a la que está sometido y los obstáculos que se encuentra en su camino; el autoaprecio es muy importante, y ¡es el único aprecio que recibimos algunos días!

Capítulo 4

El desarrollo basado en los siete cuerpos

Existen siete frecuencias vibratorias básicas (o cuerpos) que utilizamos para subir desde energías muy básicas hasta los niveles sobrehumanos altamente desarrollados. Estos cuerpos se interpenetran entre sí; los cuerpos más elevados son los que llegan más lejos. Existen otros niveles más allá de los siete, pero no trabajaremos con ellos en este libro porque sólo son aprovechables por las personas muy avanzadas.

El más denso de estos cuerpos, y el único visible, es el físico. Los demás cuerpos, que vibran a frecuencias proporcionalmente más elevadas, son el emocional, el mental, el intuitivo, el átmico (*atma* quiere decir «gran yo»), el monádico (mónada quiere decir «unidad») y el divino. Cada hombre o mujer, no obstante, no es una combinación de estos siete cuerpos; por el contrario, cada uno es una conciencia pura que puede residir en cualquier cuerpo o en una combinación de ellos. En nuestra época concreta existen muy pocas personas cuyas conciencias estén tan desarrolladas, cuyos cuerpos estén tan vivificados y tan sintonizados, que funcionen en todos los cuerpos a la vez. Ésta es, no obstante, la meta última del desarrollo terrenal. La persona que funciona en todos los cuerpos a la vez —es decir, que tiene todos los cuerpos en armonía con su conciencia— vive la vida más perfecta que se puede vivir en la tierra.

La mayoría de las personas se relacionan con los demás y con el mundo sólo a través de algunos de sus cuerpos. La persona puede ser fundamentalmente física/emocional o física/men-

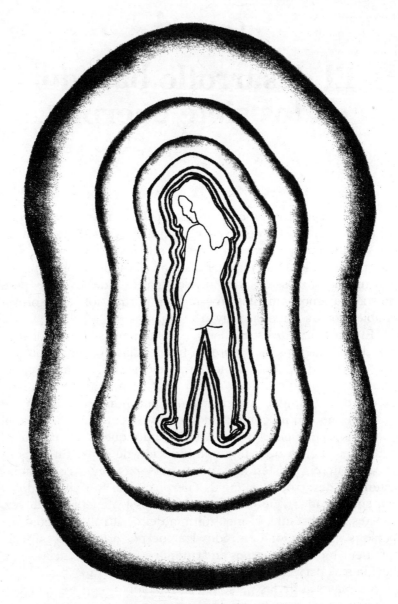

Nuestros siete niveles de conciencia (cuerpos) se extienden hasta muy lejos de nuestros cuerpos físicos.

tal o quizás mental/espiritual. Las energías de la Era de Acuario tienden al equilibrio y a la síntesis de todos los cuerpos; aunque a usted no le interese la Kundalini, tiene que trabajar con sus diversos cuerpos o niveles de la conciencia.

LOS TRES CUERPOS DE LA PERSONALIDAD

El cuerpo físico

El cuerpo físico es una máquina viva a través de la cual se manifiestan nuestros cuerpos superiores. Al bloquear nuestro cuerpo físico, bloqueamos las manifestaciones de nuestro yo superior. Usted puede sentir mucho, o pensar mucho, pero si niega la manifestación física o la acción se frustra a sí mismo y se somete a nuevos problemas. Los problemas que se manifiestan en el cuerpo físico, tales como las molestias, los dolores o las enfermedades, son sencillamente la consecuencia de los bloqueos que impiden la manifestación de los cuerpos superiores.

El cuerpo físico está compuesto de células marcadas por su propia individualidad. No debemos mantener estas células bajo un control consciente o bajo un control dominante, sino bajo un control de amor. Si consideramos el cuerpo físico como un universo en sí mismo, cada uno de nosotros es el «dios» de su propio universo. El cuerpo físico tiene dos partes, la densa y la etérea; la etérea está conectada muy estrechamente con nuestro sistema nervioso.

La limpieza de lo físico

Podemos utilizar la Kundalini al nivel físico para conseguir tener un cuerpo más sano. Una vez aprendida la técnica de dirigir la Kundalini, se puede enviar energía a diversas zonas del cuerpo para rejuvenecerlas, curarlas y reforzarlas. Trabajando con la técnica, se desarrolla el sentido que nos dice cuánta energía debemos enviar a cada zona, y cómo da sus mejores resultados. El ejercicio de movimiento de la Kundalini y limpieza de los chakras que se describe en la página 96 es excelente para comprender el modo en que se debe dirigir la energía.

Calma mucho dejar que la Kundalini fluya suavemente hacia la zona que se debe curar (adquiriendo la consistencia de la seda líquida). La frecuencia de la energía varía: adquiere otra más adecuada para la curación general. Bañe en esta energía una zona determinada. A continuación, difunda la energía por todo el cuerpo. La práctica de este ejercicio varias veces por semana mejorará la circulación, le ayudará a liberar los bloqueos y le servirá, en general, para conservar un cuerpo joven.

Cuando se enfrente con la necesidad de hacer un esfuerzo físico mayor de lo normal, llene su cuerpo de la fuerza de la Kundalini; inspírela por todo su cuerpo; déjela fluir, y después ejecute la tarea. Practique para determinar el modo de manejarla y de utilizarla.

Cuando se encuentre afectado físicamente por las diversas molestias y dolores que surgen del efecto de la subida de la Kundalini, fomente la liberación por medio de la respiración profunda y tranquila, seguida de masajes en la zona afectada; permita que le acudan a la conciencia pensamientos y sensaciones. Esta meditación abierta puede ser muy útil. Si por algún motivo no puede aplicar masajes a la zona afectada (porque le duela demasiado, quizás), dirija su atención a la zona; concentre allí la energía e introdúzcase en el dolor. Con frecuencia, las molestias y los dolores desaparecen al cabo de poco rato y usted desarrolla un recuerdo o una conciencia de lo que ha sucedido.

El objetivo final

El cuerpo físico, limpiado y refinado por la Kundalini, parecerá joven y tendrá mucha energía. Raramente enfermará (o las enfermedades serán breves), tendrá gran poder y será capaz de realizar actos paranormales.

El cuerpo emocional

Nuestros sentimientos emanan del cuerpo emocional. Allí sentimos la ira, la frustración cuando no se satisfacen nuestras necesidades. Del cuerpo emocional aprendemos a dar y a manifestar amor y cariño, satisfaciendo así nuestra necesidad de mantener relaciones personales. El cuerpo emocional es muy exigente; aspira a ser satisfecho, si no directamente, por varios medios ocultos. Cuando se siente agotado o incapaz de expresarse, puede buscar gratificación y equilibrio fumando, comiendo ciertos alimentos, con conductas irracionales, o de varios otros modos. Cuando mantenemos el contacto directo con nuestras emociones, podemos enfrentarnos mejor con estas conductas.

La limpieza de lo emocional

Cuando la Kundalini está limpiando la zona emocional, podemos descubrir que nuestras emociones son desproporcionadas a una situación determinada. Podemos tener momentos de llanto u otros estados emocionales sin motivo aparente: sencillamente, la Kundalini está chocando frontalmente con un bloqueo. Nuestra reacción habitual es volver a bloquearnos; es mucho mejor emprender una meditación abierta, permitiendo que salgan a la superficie los pensamientos y los sentimientos, dejando así que se libere el bloqueo. El bloqueo puede estar relacionado con el nivel de sentimientos de una vida anterior, o con una experiencia anterior de esta vida actual. También puede representar un problema actual. Algunas veces se relaciona, incluso, con cosas que no han sucedido todavía, pero que ya empiezan a manifestarse a través del sistema.

El control emocional

Las emociones y los sentimientos no son más que frecuencias vibratorias; cambiando las frecuencias, podemos cambiar nuestras emociones y nuestros sentimientos. Como ejercicio, sienta su tristeza tan profundamente como pueda. A continuación, convierta la tristeza en alegría e intente advertir un cambio en el carácter de las vibraciones. Haga lo mismo con el miedo, convirtiéndolo en fe y en valor. Sienta la envidia; conviértala en comprensión de sus propias necesidades. Convierta el orgullo en agradecimiento. Tome cualquier característica emocional que sea difícil para usted, piense en su característica opuesta, y trabájela de este modo.

Aprenda a sentir sin dejarse atrapar por los sentimientos. Mantenga una visión objetiva de la situación, igualando las energías del cuerpo. Sienta energía en la espalda, además de en la parte delantera del cuerpo; la energía que se mantiene principalmente en la zona del vientre nos provoca una tendencia a prestar a los sentimientos una atención muy superior a la que merecen. Aplique masaje sobre la zona del vientre y pregunte qué es lo que hay allí que es preciso reconocer; después, dirija la energía sobre todo el cuerpo, para asimilarla o para eliminarla.

El objetivo final

Después de limpiar y de refinar, es posible tener sentimientos sin dejarse atrapar por ellos, vivir la vida sin provocar más karma y bloqueos, y amar sin apego. El cuerpo emocional aportará entonces riqueza y profundidad a cualquier cosa que usted haga.

El cuerpo mental

El cuerpo mental contiene materia que puede vibrar a una frecuencia semejante a la de la fuerza creativa de nuestro cosmos. Allí es donde empezamos a pensar, a razonar, a saber, a crear. A través del cuerpo físico adquirimos conocimiento; por medio de la razón y de la lógica aplicamos ese conocimiento. También establecemos actitudes o estructuras rígidas en nuestro sistema a través de este cuerpo. En él se forman los prejuicios. Cuanto más rígida se vuelve la materia de nuestro cuerpo mental, más difícil es fluir con la vida, aprender nuevas formas de vida y adquirir ideas nuevas.

La limpieza de lo mental

Mientras la Kundalini limpia el cuerpo mental, la persona puede encontrarse con fuertes prejuicios antes desconocidos, o hacerse consciente de actitudes que rigen su vida y que llevan mucho tiempo determinando sus actos y sus reacciones.

Despejar el cerebro

Concéntrese en respirar por la nariz y hacia la cabeza. Mire el interior de su cabeza como si levantase la vista al cielo y observase las estrellas. ¿Qué colores, qué patrones de energía observa?

La verdad

Realice el ejercicio de respiración profunda y tranquila, concentrándose en el centro de su frente; visualice allí la palabra «verdad». Inspire, y sienta que la verdad entra en todo su sistema, inundando cada célula. Intente mantenerla en el sistema, mientras practica la respiración profunda y tranquila, durante dos minutos por lo menos.

Durante la limpieza de Kundalini es especialmente fácil que las falsedades y los errores (que bloquean el desarrollo) entren en sus pensamientos. Si tiene que realizar trabajos mentales pero no le fluye la energía, pruebe con la danza. La danza es excelente para liberar el flujo de la Kundalini y contribuye a los procesos del pensamiento y de la intuición. Dado que los trabajos mentales suelen realizarse en posturas que no son adecuadas para el buen flujo de la Kundalini (ante un escritorio o mesa de trabajo, inclinados sobre el trabajo, con los hombros caídos y encorvados, con la cabeza baja), intente mejorar su postura y concédase descansos para caminar, bailar o hacer ejercicio.

El flujo de la Kundalini al cerebro se retrasa cuando nos dejamos atrapar por situaciones emocionales y problemas de pareja (frecuentes en esta época). La fe en que «también esto pasará», y la visión objetiva de la situación, ayudan a mantener abierto el flujo de energía al cerebro.

El objetivo final

Usted pensará y creará de nuevos modos y trabajará con dimensiones superiores. Las manifestaciones y otros poderes mentales serán considerados normales.

LOS CUATRO CUERPOS ESPIRITUALES
El cuerpo intuitivo/compasivo

Éste es el primero de los cuatro cuerpos de nuestro yo espiritual. Sirve de equilibrio entre la personalidad y los demás cuerpos espirituales. También es un vehículo para el contacto con la mente universal que aporta visiones y comprensiones a nuestro nivel humano. Es la fuente de las ideas que son fruto del pensamiento abstracto o de la conciencia (a diferencia del pensamiento lógico concreto del cuerpo mental). El cuerpo intuitivo/compasivo también se relaciona con la comprensión (que en realidad es sinónimo de compasión). A veces se le llama «cuerpo búdico», por el Buda compasivo.

Durante el desarrollo de este cuerpo, la intuición puede crecer y menguar. A veces es difícil determinar la precisión de la información recibida, pero el hecho de mantener en el cuerpo la intuición puede ayudarle a determinarlo. Cuando resuena muy dentro del yo, suele ser correcta. Tenga paciencia mientras aprende a usarla.

La limpieza de lo intuitivo/compasivo

El flujo de la Kundalini a través de este cuerpo puede producir un exceso de compasión. La persona puede encontrarse abrumada por el amor a los demás y al mundo. La energía negativa puede adoptar la forma de autocompasión. En cualquier caso, estos sentimientos suelen ser desproporcionados. Para aliviar el exceso de energía, permita a su sistema sentirse ligero y flotante. Acuéstese; llénese a sí mismo de un color azul claro y mantenga una sensación de flotación durante unos treinta minutos. Esto ayudará a equilibrar las energías.

También esto pasará

Comprenda que lo que le está sucediendo es temporal, y que el hecho de limpiarse y refinarse tiene un propósito. Sea consciente de las profundidades de su desesperación, de su desilusión, de su depresión, o de lo que esté sufriendo, y dirija sobre ellas su respiración. A continuación, profundice en ellas hasta que llegue al «forro de plata», o alcance la paz y la alegría.

El sufrimiento es la otra cara de la alegría

El sufrimiento nos ensancha, permitiendo que nos lleguen nuevas comprensiones y que fluya nueva energía hacia nuestro interior. Llene su cuerpo de un color de arrope. Con valor y con fe, permita que sus sentimientos de sufrimiento se ensanchen y se abran hasta que fluyan hacia su interior la alegría y la paz.

La respiración espiritual

Dirija su respiración a la parte superior de sus pulmones; sienta cómo se dilatan. Siéntase elevado por esta hermosa energía. Esto ayuda a activar los centros espirituales, reduciendo el exceso de energía en las zonas emocional y mental, y ayudando a despejar y a limpiar.

El objetivo final

Viviremos guiándonos por la intuición, la conciencia y la visión. Amaremos y sentiremos compasión sin dejarnos atrapar por las «cosas» de otras personas. Existirá un hermoso equilibrio entre los aspectos humanos y espirituales de la vida. Existirá una nueva comprensión de Dios y del universo.

El cuerpo átmico (o de la voluntad/espíritu)

La Kundalini se siente muy a gusto en el cuerpo de la voluntad/espíritu. Por su propia naturaleza, la Kundalini tiene que fluir, y éste es un cuerpo de flujo, de movimiento y de acción. Es extremadamente fácil dejarse llevar por este flujo. Se crea más karma por el empleo incorrecto o por la falta de empleo de este cuerpo que por los demás cuerpos; esta energía tiene un carácter mucho más fuerte, y necesita mucha orientación. Como aspecto positivo, la persona puede tener gran carisma, y sentir estados de beatitud o de arrebato.

La limpieza de la voluntad/espíritu

Cuando la limpieza llega hasta el nivel de la voluntad/espíritu, usted puede cometer errores acerca del poder; entre ellos son corrientes el de creer que posee las respuestas a todos los problemas, y el de creer que su poder personal es ilimitado, ya sea político, económico, o el de su encanto, atractivo o belleza personales. En general, estos errores acerca del poder indican un exceso de ego y un uso excesivo de la voluntad.

Cambios de la personalidad

Es extremadamente difícil mantener un flujo regular de energía al nivel átmico. Las personas que tienen personalidades más bien débiles o tranquilas pueden encontrarse totalmente cambiadas por la limpieza de Kundalini, hasta el punto de sufrir transformaciones como las del doctor Jekyll y míster Hyde: pueden ser muy encantadores a veces y casi demoniacos en otras ocasiones.

Apegos

A través de la Kundalini se acelera todo. No se deje atrapar demasiado por lo que está sucediendo. El apego a los actos, a las ideas, a los pensamientos, a la culpabilidad, al orgullo y a los sentimientos puede provocar bloqueos y bastantes derroches de energía. Deje sueltos los hombros y las caderas y relaje su cuerpo. ¿Está utilizando bien su voluntad/espíritu, o tiene otras opciones?

No se cumpla mi voluntad, sino la Tuya

Piense en cuántas veces ha utilizado su voluntad en los últimos días para hacer cosas. ¿La ha utilizado sabiamente? Caiga en oración. Pida conocer la voluntad de Dios para con usted. No se oponga a la voluntad de Dios; por el contrario, súmele su propia voluntad personal.

El objetivo final

El cuerpo de la voluntad/espíritu es la casa del sexo, y allí es donde se separan nuestras polaridades masculina y femenina (positiva y negativa). (Se unen en el cuerpo del nivel del alma.) En la energía definitiva, estas polaridades están equilibradas y son muy aprovechables. El equilibrio nos alineará con la evolución y con la voluntad divina. Grandes poderes, la alegría y la beatitud formarán parte natural de nuestro ser.

El cuerpo monádico (o nivel del alma)

Mónada quiere decir «unidad» en griego. El cuerpo monádico manifiesta la unidad de las polaridades y permite al alma manifestarse a sí misma en el cuerpo físico.

La limpieza de lo monádico

En algunas ocasiones, por la acción de la Kundalini, tenemos contacto con el alma y nos sentimos puros y sagrados. Otras veces no tenemos idea de la presencia de un alma de ningún tipo. Los sentimientos oscilan entre la unidad con todo y el aislamiento completo. Lo monádico es una de las zonas más difíciles de limpiar, pues toca nuestra esencia, toda nuestra forma de ser.

Con un mal flujo de energía al nivel monádico o del alma, usted puede sentir que no tiene derecho a existir; esto puede conducirlo, a su vez, a sentirse culpable de todo lo que les sucede a los demás, como si usted fuera de algún modo el causante de los problemas de los demás. El nivel monádico también es el de la verdadera vocación y servicio, donde se determina una buena parte del propósito de la vida (después de tener en cuenta las formas kármicas activas en todos los niveles). Es el sintetizador de la energía kármica de las vidas anteriores.

Ejercicio universal

Entre en un estado de meditación y sienta su alma-yo como una célula en el cuerpo de Dios. Prosiga la meditación durante cinco o diez minutos, sintonizando con cualquier mensaje que pueda recibir.

Este momento de la eternidad

Entre en un estado de meditación, consciente de su alma en este momento de la eternidad. Mantenga ese concepto y sentimiento durante al menos cinco minutos; puede aportarle una gran sensación de paz, de conexión y de espiritualidad.

El objetivo final

Cuando se desarrolla el cuerpo monádico, su conciencia del alma o sentido del YO SOY es tan poderosa que el «Yo» puede fusionarse con lo divino, ser uno con el todo y experimentar ambos estados (el Yo y el Tú). Irradia paz interior y comprende su propósito y su existencia. La esencia del alma brilla en sus ojos.

El cuerpo divino

La Kundalini en el cuerpo divino permite a la persona sentir la unidad con Dios y con el cosmos, estar en contacto con su propia chispa de la conciencia de Dios, sentir la energía divina y el amor en la vida. Así como el nivel monádico sintetiza nuestra energía kármica individual, del mismo modo el nivel divino sintetiza nuestra energía kármica individual con la energía kármica que lo impregna todo, ya sea la de las familias, amigos, comunidades, naciones, ideas, presiones sociales, las fuerzas de las regiones geográficas en las que vive el individuo, las fuerzas de los planetas, de las estrellas, o cualquier otra fuerza. A todos nos afectan mucho estas fuerzas, seamos conscientes de ello o no.

La limpieza de lo divino

Al nivel divino, el concepto que la persona tiene de Dios y del universo cambia más rápidamente que a los demás niveles.

Muchos atraviesan la «noche oscura del alma», dudando de Dios, de la existencia, del propósito, o de todo lo demás de la vida. El cuerpo divino recibe la limpieza y el refinamiento más traumáticos, que a la vez son los más remuneradores. Los que tienen una fe poderosa en un Ser Divino lo pasan mejor a este nivel; incluso en los momentos de duda, tienen alguna fe que los sostiene.

Enfrentarse a los demonios

Es necesario enfrentarse a los demonios. Algunas veces usted puede estar completamente en contra de la faceta espiritual de la vida, ya sea por sentirse separado de Dios o por experimentar realmente los demonios que deben ser transformados. La persona que se encuentra en pleno proceso de limpieza es muy consciente de esta faceta demoniaca, que puede producir sentimientos de odio profundo, perversiones sexuales, sadismo u otras tendencias inaceptables. Llénese a sí mismo de un color azul lavanda claro; respire profunda y tranquilamente. Permita que sus células se limpien, se transformen y se llenen de energía espiritual. Haciéndolo así, redimirá las fuerzas negativas interiores, se «salvará» de lo negativo. Sólo enfrentándose a los demonios y transmutando su energía podemos erradicarlos. Algunas personas prefieren dirigirse a consejeros profesionales al tratar este aspecto de la vida.

Los vacíos

Céntrese en cualquier zona de su cuerpo y medite sobre ella. Imagínese que la zona es un vacío, que está vacía de todo salvo de energía espiritual; después, imagínese que todo su sistema es un vacío, abierto para llenarse de energías espirituales. Muchas personas tienen tal temor al vacío que lo llenan de cualquier cosa, complicando así sus vidas.

La presencia de Dios

Sienta a su alrededor la presencia de Dios. Sepa que Dios está dentro y fuera, en todo momento. El simple hecho de ser consciente de la Presencia la permite entrar.

El objetivo final

El desarrollo del cuerpo divino le permite a usted conocer la voluntad de Dios para con usted y abrirse a la conciencia cósmica o de Cristo. Podemos utilizar esta energía cósmica en nuestras vidas diarias. Nos abre a la vida en unidad constante con Dios.

Sintetizar los cuerpos

Cada cuerpo tiene su propia función y sentido de la importancia. Cada cuerpo debe ser capaz de funcionar por sí solo o con los demás, con la orientación del nivel divino. La Kundalini fluye con más facilidad y se asimila mejor cuando hay armonía entre los cuerpos.

Ejercicio de control

Empezando por el cuerpo físico, solicite ponerse en contacto con cada cuerpo, uno tras otro. Pida a cada cuerpo su opinión sobre qué cuerpos tienen demasiado control o entrada de datos y cuáles no tienen suficiente. Pregunte a cada cuerpo su opinión sobre su papel entre los siete cuerpos. Anote los cambios que le parece que serían oportunos.

Acuéstese; prodúzcase una sensación de estar flotando. Sea consciente de su cuerpo del nivel divino. Pida que se llene de la Presencia de Dios. Permita la entrada de la energía en el cuerpo del nivel del alma, y vaya bajando por cada uno de los demás cuerpos, terminando con el físico. Pase algunos minutos reflexionando.

La información que he presentado aquí sobre los siete cuerpos es breve, pero es suficiente para iniciarse. Si desea más información, puede consultar los libros *The Seven Bodies of Man in the Evolution of Consciousness* y *The Seven Eyes of Man in the Evolution of Consciousness*[1].

[1] Ambos de la autora. Puede solicitarlos escribiendo a: Box 456, Melbourne, AR 72556, Estados Unidos de América.

Capítulo 5

El desarrollo de los cuatro cerebros

La transformación de los cerebros es uno de los cambios más notables producidos por la limpieza de Kundalini. El estado definitivo del cerebro refinado es el del genio, que tiene a su disposición capacidades creativas extraordinarias y grandes verdades morales y espirituales. En el genio, los cerebros reciben y utilizan información de los niveles universal y cósmico.

Pero los cuatro cerebros se resisten más a la limpieza de Kundalini que ninguna otra zona por las aberraciones de nuestro pensamiento y de nuestro planteamiento de la vida a las que estamos sujetos. Algunos, con un exceso de Kundalini que todavía no se ha hecho aprovechable, se ven reducidos a vegetar en clínicas mentales; sus problemas no son comprendidos.

Nuestro cráneo cambia verdaderamente de forma; se hace mayor durante el desarrollo de los cerebros. Puede cambiar de forma varias veces, provocándonos graves dolores de cabeza. La aplicación de masajes sobre el cráneo, en las suturas de los huesos, facilita la expansión. La irradiación del exceso de Kundalini alrededor de la cabeza aporta alivio. Localice con los dedos los puntos especialmente doloridos del cuero cabelludo; aplíqueles masajes para liberar la energía, dejando vagar la mente, siendo consciente de los pensamientos o actitudes que impedían la expansión de la mente. Puede aliviarse hasta cierto punto la tensión diciéndose a sí mismo que no es malo tener una «cabezota».

El doctor Paul McClean ha realizado una maravillosa labor con su teoría del Cerebro Trino, muy aplicable al enfoque de los siete cuerpos.

El cerebro reptil, o primer cerebro

El primer cerebro está relacionado directamente con el cuerpo físico y se ocupa principalmente de los instintos territoriales y de supervivencia. Todos tenemos la necesidad de sentirnos cómodos en nuestro territorio o en nuestro espacio; sobre todo en la subida de la Kundalini, cuando nos volvemos excepcionalmente sensitivos a las energías de los demás y no funcionamos en el mundo tan bien como antes.

Si usted ha tenido un mal sentido de la supervivencia, advertirá una corriente interior que le impulsa a asegurarse constantemente de la seguridad de los lugares o de las situaciones. Verá continuamente en los demás, ya amenazas, ya medios de ayuda para la supervivencia. Se preocupará demasiado de «encajar».

El sistema límbico (paleomamífero), o segundo cerebro

El segundo cerebro está relacionado principalmente con las emociones y las motivaciones, y está conectado con nuestro cuerpo emocional. La persona que tiene poco desarrollado el sistema límbico carece de unas buenas dotes de motivación; no se le da bien ponerse en marcha por sí misma, y se preocupará demasiado de los sentimientos.

El tercer cerebro (neomamífero)

El tercer cerebro integra los hemisferios cerebrales izquierdo y derecho. Está relacionado con el cuerpo mental, y se ocupa de la razón, la lógica, el pensamiento y la creatividad; su funcio-

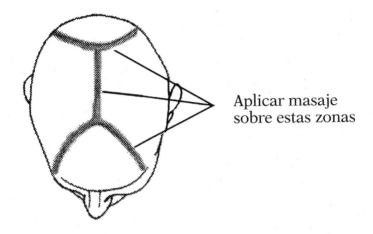

Aplicar masaje
sobre estas zonas

*Parte superior del cráneo. Las líneas sombreadas indican las suturas o unio-
nes de los huesos del cráneo. Los masajes aplicados sobre estas zonas redu-
cen la tensión.*

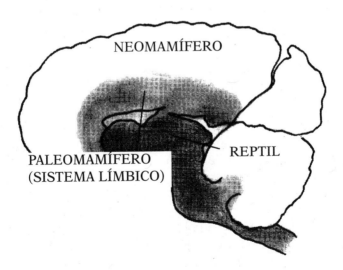

*Los tres niveles de los cerebros: (1) Reptil-físico; (2) Sistema límbico-emocio-
nal; (3) Neomamífero-mental.*

namiento es muy semejante al de una computadora, en el sentido de que trabaja con la información que ha recibido a través de las experiencias personales y del aprendizaje. El desarrollo de este cerebro se basa en parte en el desarrollo saludable de los cerebros primero y segundo. La persona que tiene subdesarrollado el tercer cerebro tiene dificultades a la hora de utilizar la razón y la lógica para comprender las situaciones complejas. Puede verse reducida a un punto de vista único y estar sometida a la rigidez o a los prejuicios.

Se ha dicho muchas veces que sólo utilizamos un diez por ciento de nuestra capacidad mental. Esto puede deberse a una falta de desarrollo de los cerebros primero y segundo, a unos estímulos inadecuados y a la pereza (que consiste en seguir siempre el camino más fácil, sin utilizar plenamente las capacidades de percepción y creativas). El resultado es que las personas creen que no están en contacto con todas sus capacidades mentales, que hay algo que está limitando el poder de su cerebro.

Cuando los dos primeros cerebros están bien desarrollados, pero el tercero no lo está, la persona se preocupará demasiado de los sentimientos y de su territorio; por lo tanto, mantendrá pocas relaciones con los demás. En dicho estado, la persona puede pasar tiempo con otras personas, pero sin prestarles atención (su atención se centra en su propio yo). Por supuesto, los mismos problemas pueden producirse cuando los dos primeros cerebros están subdesarrollados.

Las personas con un exceso de desarrollo mental pueden manifestar una falta de «sentido común», como cuando se dice de alguien: «¿Cómo puede una persona tan inteligente ser tan tonta?» Cada cerebro tiene su propia conciencia, inteligencia y programa de actividades; cada uno tiene su propio concepto del funcionamiento del mundo, y de su relación y situación con respecto a dicho funcionamiento. Cada cerebro puede actuar de manera independiente, o colaborar con los demás cerebros. La limpieza y el refinamiento Kundalini no sólo desarrollan estos cerebros, sino que aumentan su interacción mutua.

Los niños que no tienen bien desarrollado el cerebro reptil no tendrán un buen rendimiento escolar; tienden a ser demasiado combativos y agresivos, o demasiado retraídos. Los niños a los que le falta un sentido saludable de la supervivencia tienen baja autoestima. El bajo desarrollo de su sistema límbico puede provocarles malos hábitos de estudio, o bien pueden preocuparse demasiado de sus relaciones personales.

El cuarto cerebro

Vivimos en una época de gran expansión mental, en la que no sólo está aumentando el desarrollo de los tres cerebros que hemos descrito, sino que se está desarrollando un cuarto cerebro. El nuevo cerebro se encuentra todavía en la etapa etérea (de energía); todavía no se ha manifestado en el plano físico.

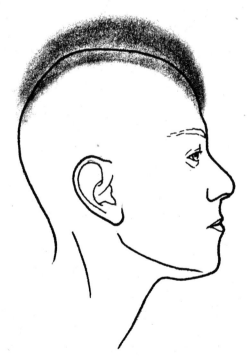

Zona del cuarto cerebro etérico.

Cada uno de los cerebros se superpone al anterior (ver la ilustración en la página anterior). El primer desarrollo del cuarto cerebro tiene lugar bajo el chakra de la corona, en la parte superior de la cabeza, sobre lo más alto de los dos hemisferios del tercer cerebro. Está relacionado con el nivel intuitivo-compasivo, o cuarto cuerpo, y tiene una conciencia espiritual. Aunque todavía no se ha manifestado en el plano físico, no por ello deja de ser aprovechable. Así como el atributo principal del cerebro tercero o mental es el pensamiento, el atributo principal del cuarto cerebro es la conciencia; un cuarto cerebro desarrollado permitirá a la persona recibir información nueva, antes desconocida. Accediendo a la Mente Universal, el cuarto cerebro tendrá un potencial ilimitado para recibir información.

Existen formas etéricas de los cerebros quinto, sexto y séptimo, pero su desarrollo está más lejano. Están relacionados con sus correspondientes cuerpos.

Ejercicios

Para el cerebro reptil

Medite sobre sus sensaciones acerca de su territorio. ¿Qué puede hacer para que le resulte más acogedor? Medite sobre la supervivencia: ¿Hasta qué punto le preocupa? ¿Qué factores amenazan o fomentan su sentido de la supervivencia?

Simbolismo. Consígase una imagen o juguete de bulto que represente a su reptil favorito. De vez en cuando, durante las meditaciones, siéntase unido a él.

Sistema límbico

Medite sobre el reconocimiento y el disfrute de sus sentimientos. ¿De cuántos sentimientos es capaz de ser consciente a la vez? Deje que su cuerpo se rodee de la sensación de ser abrazado; disfrútela.

Simbolismo. El color está muy relacionado con las emociones, y las simboliza. Para potenciar y desarrollar sus emociones, asegúrese de estar rodeado del suficiente color en su vida: en su entorno, en sus ropas, en su comida, o en sus actividades artísticas.

Neomamífero

Medite sobre el hemisferio izquierdo, llenándolo de energía; después, traspase la energía al hemisferio derecho. Invierta el proceso y traspase energía del hemisferio derecho al izquierdo. Repita esta actividad varias veces. Sienta que se equilibra la energía entre ambos hemisferios, y sienta el *cuerpo calloso* (el puente de unión entre ambos hemisferios) abierto a la acción. Abra toda la zona a la libertad y a la expansión.

Dedique cierto tiempo cada día a observar algo con detenimiento. ¿Qué otra cosa puede conocer o ver? Así se desarrolla la percepción. Intente aplicar su creatividad cada día. Lea revistas o libros que traten de temas que usted no haya estudiado y que no le interesen especialmente. Esto incrementa el flujo sanguíneo y contribuye a abrir nuevos caminos en el cerebro; también ayuda a ampliar su capacidad de pensar y de percibir.

El cuarto cerebro

Sea consciente de la zona inmediatamente por debajo del chakra de la corona, a lo largo de la parte superior de su cabeza, bajo la piel. Traslade energía a esa zona, sintiendo que se dilata y se abre.

Manteniendo la atención sobre la zona del cuarto cerebro, formule preguntas y deje que se formen las respuestas. No intente acelerar el proceso; las respuestas y las imágenes pueden tardar en formarse. Medite sobre el empleo de la información que le llega a través de esta conciencia.

Baño de Kundalini. Solicite sentir y ver la energía Kundalini como una luz dorada (mental); deje que le bañe el interior de toda la cabeza, procurando no olvidarse de ninguno de los cerebros. Modifique el ejercicio utilizando una luz plateada (espiritual). Puede advertir calor en la cabeza: es útil para la transformación, pero produce dolores de cabeza cuando es excesivo. Para aliviarse los dolores de cabeza, iguale la energía de toda la cabeza, o envíela al chakra de la corona, mezclándola con la energía divina que está sobre su cabeza y dejando que la combinación se derrame como una lluvia alrededor de su cuerpo.

Capítulo **6**

Los chakras

Introducción

Los chakras son vórtices a través de los cuales fluye la energía que entra y sale del cuerpo. Cuando están desarrollados, giran como una rueda. En la mayoría de los textos que hablan de los chakras se describen siete principales, pero en realidad tenemos centenares, repartidos por todo el cuerpo. Cada punto de digitopuntura y de acupuntura es un vórtice de energía, y, por lo tanto, es un chakra. La energía que potencia estos vórtices procede de una serie de fuentes; una de ellas es nuestra propia energía Kundalini o evolutiva; otra es la fuerza espiritual que tenemos dentro. Estas energías proceden del interior del cuerpo y fluyen hacia fuera a través de los chakras.

Los chakras también reciben. Podemos recibir energía de otras personas, ya sea suave e imperceptiblemente o siendo muy conscientes de estarla extrayendo de ellos. Cuando otras personas extraen nuestra energía, nos podemos sentir muy agotados u obstaculizados en un chakra determinado. Cuando nos envían energía, podemos sentirnos bombardeados. También puede entrar energía espiritual, prana y otras energías que nos rodean (vivimos en un océano de energía), fluyendo a través de los centros chakra.

Las personas menos avanzadas en su desarrollo evolutivo tienden a absorber mucha más energía de la que emiten. Las personas debilitadas o enfermas pueden extraer energía de otras personas más vitalizadas o desarrolladas. A los que se sienten débiles o agotados, o tienen una mala autoimagen, pueden afectarles mucho las energías de los demás, y de hecho pueden absorber las energías de los demás; en ese caso se les llama parásitos. Este nombre es injusto en algunos casos, pues el acto de extraer energía de los demás puede ser indispensable para curarse y para recabar la fuerza necesaria para salir adelante; es maravilloso poder entregar energía a los que la necesitan. El acto de dar energía forma parte de nuestra costumbre de visitar a nuestros amigos enfermos o deprimidos. «Entregamos» energía de nuestros chakras a los suyos para ayudarles.

El acto de dar nos refuerza; cuando se nos extrae o se nos absorbe energía, podemos debilitarnos. Existen personas que absorben por costumbre la energía de los demás, en lugar de desarrollar la suya propia; a éstas sí se les puede llamar parásitos. Hablaremos más del tema en el capítulo 11.

Las personas que no están demasiado desarrolladas espiritualmente pueden estar abiertas a fuerzas negativas. Entrará energía negativa en sus chakras, haciendo que se sientan peor todavía de lo que están, o que actúen de maneras aún más negativas. La persona deprimida tiende a poner las energías que entran a través de los chakras en un nivel deprimido, lo que sólo sirve para multiplicar el problema.

A las personas evolucionadas les sale más energía de los chakras de la que les entra. Sus chakras parecen flores abiertas. Cuando se van desarrollando más plenamente, la energía Kundalini que irradia de sus chakras se combina con la energía divina, sigue irradiando hacia fuera, y después traza una curva para volver a entrar a través de las manos y de los pies (a veces a través de otras partes del cuerpo), introduciendo en ellos una mezcla de estas energías.

Nuestro crecimiento y nuestro desarrollo están aumentando durante la era de Acuario; pasamos por muchos estados de ánimo y por muchas maneras diferentes de ser, relacionadas con diversos chakras. Los chakras que describimos en este libro le ayudarán a adquirir una mayor comprensión de las diversas frecuencias de energía que controlan o que afectan a nuestros

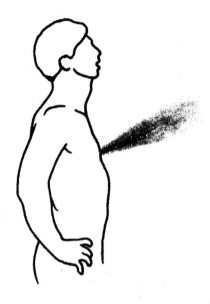

En un chakra menos desarrollado, la energía fluye saliendo de manera directa, en vez de rotar.

estados físicos, emocionales, mentales y espirituales. Durante el proceso de limpieza, descubrirá que los miedos o los problemas de esta vida y de otras vidas pueden cerrarse o bloquearse a determinados niveles. También puede encontrarse con alegrías o con momentos maravillosos que no fueron asimilados, y que no se liberaron de las células del cuerpo, y quedaron bloqueados del mismo modo en la pauta de energía. Algunas veces será evidente el miedo al futuro.

Yo suelo indicar a los estudiantes de Kundalini principiantes que dejen salir fluyendo la energía directamente hacia fuera por delante de sus cuerpos, en lugar de hacerla girar. En muchas ocasiones no están completamente desarrollados todos los pétalos, y el hecho de girar sólo sirve para distorsionar la energía.

El movimiento de la Kundalini y la limpieza de los chakras

Existen muchos chakras en el cuerpo, pero se utilizarán ocho principales para este ejercicio; los de las zonas de las glándulas tienen una importancia extraordinaria para el desarrollo espiritual y evolutivo.

Al principio, utilice los chakras siguientes:

Ombligo.
Plexo solar.
Corazón (parte alta del tórax).
Garganta (parte baja del cuello).
Quinto ojo (centro de la frente).
Chakra de la corona (parte superior de la cabeza).

Realice este ejercicio acostado o en la posición del loto; procure tener recta la espalda, el cuello y la cabeza. Es mucho más fácil y, en general, más seguro acostarse. Dirija su atención sobre la baja espalda, por encima de la zona de la rabadilla. NO llegue a bajar hasta la rabadilla, pues eso puede liberar Kundalini adicional. Lleve la energía desde la baja espalda hasta la columna vertebral; después, canalícela haciéndola salir por la parte delantera del cuerpo, a través del chakra del ombligo. Sea consciente del flujo de salida de la energía. No la fuerce. Simplemente, déjela salir. Sea consciente de la «sensación» de la energía, del carácter de las vibraciones. Puede tener sentimientos fuertes; si es así, déjelos llegar. Al cabo de algunos minutos, vuelva a llevar la energía a la columna vertebral, hágala subir y deje que salga por el chakra del plexo solar (justo por debajo del esternón). Sea consciente de cualquier cambio del carácter vibratorio de las energías.

Siga haciendo volver la energía a la columna, haciéndola subir y dejándola salir por el chakra siguiente, sucesivamente. Sea siempre consciente de los cambios en las vibraciones, en los pensamientos y en los sentimientos, y de si una zona parece estar bloqueada o sobrecargada; sea consciente de ello, pero no

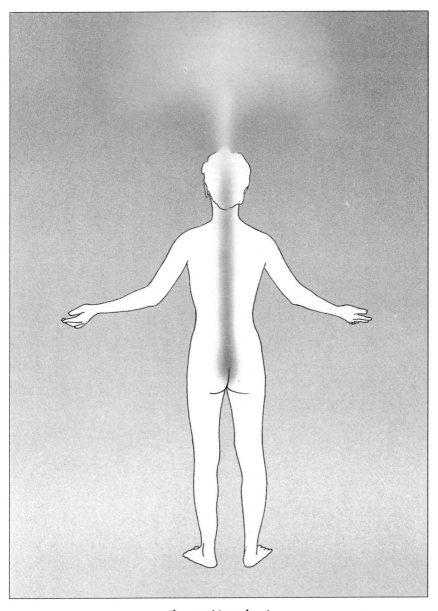

Ilustración color 1
El rojo-anaranjado de la Kundalini sube por la columna vertebral y se
mezcla con la energía divina (unión de Shakti y Shakta). Los colores se
vuelven dorados, o a veces plateados.

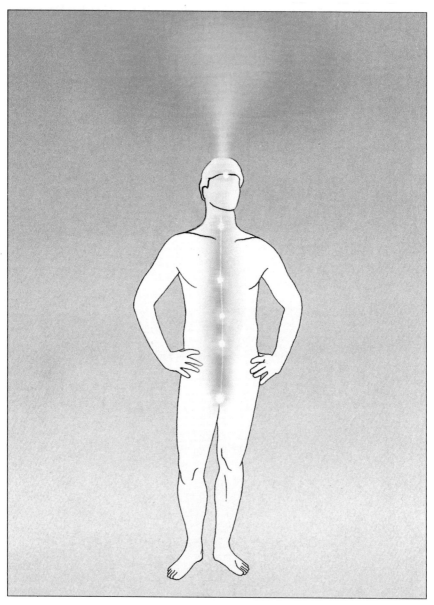

Ilustración color 2
*Imagine o sienta la energía que irradia del **Sushumna** y de los chakras.*

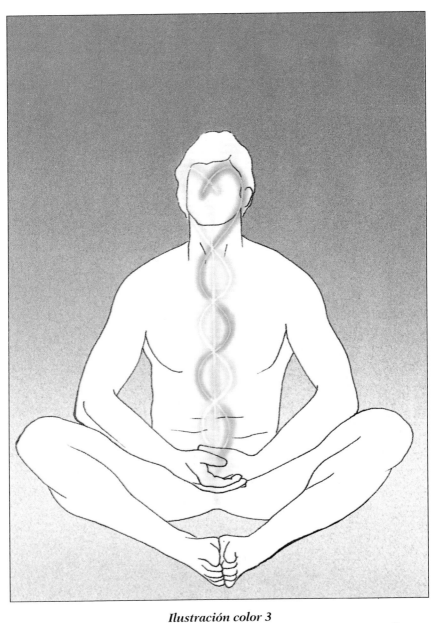

Ilustración color 3
El **Pingala** *es plateado, con tonos dorados. Tiene naturaleza masculina.*
El **Sushumna** *está en la columna, plateado con tonos azules, y tiene propiedades espirituales. El* **Ida** *es plateado, con tonos rojizos. Tiene carácter femenino. (Ver explicación en las páginas 236-239).*

Ilustración color 4
La energía Kundalini roja-anaranjada sube por el cuerpo y sale por el
chakra de la corona. Se mezcla sobre la cabeza con la energía divina
(blanca resplandeciente o plateada), y la mezcla se derrama sobre el
cuerpo como una lluvia de un brillo luminoso dorado o plateado.

Ilustración color 5
Después de la preparación de los cuerpos, se puede utilizar la postura
tántrica Maithuna para subir la Kundalini por la excitación sexual.

Ilustración color 6
Imagínese la Kundalini como una vela suave y siempre fluida sobre su cabeza. (Alternativamente, puede imaginarse una flor de loto o una rosa siempre en flor.) Cuando utilice la imagen de la vela, vea o imagine la lluvia como chispas de luz si lo desea.

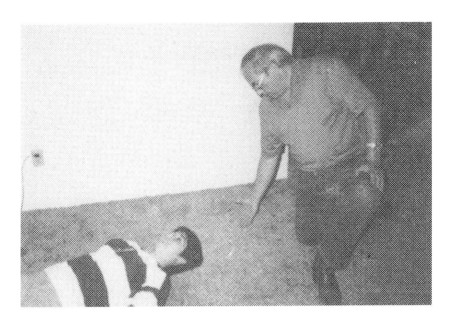

Foto 1: En esta foto se está midiendo el chakra de la corona.

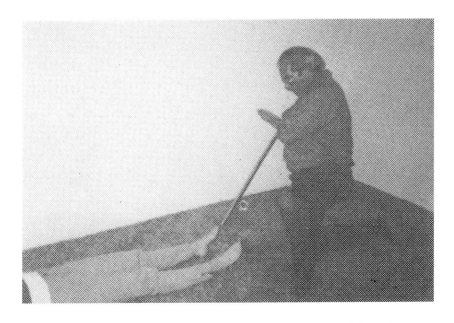

Foto 2: En esta foto se está midiendo la energía del chakra de los dedos de los pies.
Adviértase el ángulo de la energía.

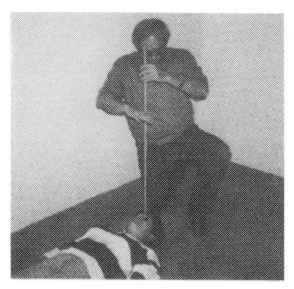

Foto 3: Medida del flujo del chakra del quinto ojo.

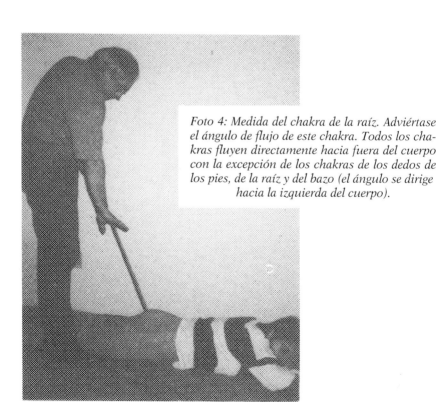

Foto 4: Medida del chakra de la raíz. Adviértase el ángulo de flujo de este chakra. Todos los chakras fluyen directamente hacia fuera del cuerpo con la excepción de los chakras de los dedos de los pies, de la raíz y del bazo (el ángulo se dirige hacia la izquierda del cuerpo).

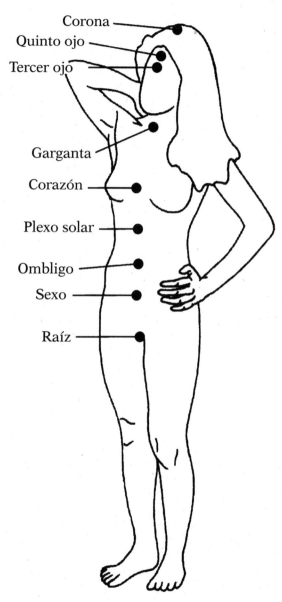

Corona

Quinto ojo

Tercer ojo

Garganta

Corazón

Plexo solar

Ombligo

Sexo

Raíz

Situaciones de los chakras anteriores.

se deje atrapar por ello. Limítese a observar. Si lo desea, tome notas de sus observaciones.

Después de dejar salir la energía por el chakra de la corona, permita que la energía Kundalini (eso es lo que se está dirigiendo) se mezcle con la energía divina que está sobre su cabeza (esta energía divina se encuentra en todo momento en el aire que nos rodea). Deje que esta mezcla se derrame sobre usted como una lluvia y que penetre en su cuerpo (ver capítulo 15, Métodos para la liberación voluntaria de Kundalini). Bañe su cuerpo por dentro y por fuera en estas hermosas energías de ambas polaridades (del cielo y de la tierra) que le ayudan a acelerar el crecimiento y el desarrollo.

Después de haber realizado este ejercicio varias veces, y cuando ya lo realice con soltura, incluya también en él el chakra del sexo. Cuando utilice también éste con soltura, añada el chakra de la raíz (en la rabadilla). NOTA: *No utilizamos el chakra de la base en este ejercicio porque puede liberar demasiada energía.* Cuando se parte de los chakras superiores, se va despejando un camino, de tal modo que si se liberan grandes cantidades de energía en la zona sexual o de la raíz, ésta tiene dónde dirigirse; de lo contrario, la energía puede atascarse y provocar problemas de personalidad y de salud.

Si existe dolor o algún problema en las proximidades de un chakra, sáltese ese chakra en el ejercicio hasta que se solucione el problema; la energía adicional puede agravar la situación.

El flujo de los chakras

La persona poco desarrollada suele tener numerosos bloqueos alrededor de los bordes de los chakras, o en los mismos chakras. Estos bloqueos le retrasan la energía o le provocan un flujo incorrecto de la misma. Cuando mis alumnos han alcanzado un desarrollo suficiente y han limpiado sus chakras, hago que dirijan la energía en un movimiento circular, en el sentido de las agujas del reloj si se mira desde fuera del cuerpo, en el sentido contrario a las agujas del reloj visto desde dentro del cuerpo.

Este movimiento sitúa la fuerza principal del flujo a la izquierda, subrayando los niveles emocional y espiritual, estableciendo
una base de trabajo más sólida y potenciando la comprensión
de las energías. En etapas posteriores, pido a los estudiantes
que inviertan este flujo; así se subraya el lado derecho o nivel
mental y se desarrollan las capacidades videnciales, el poder y la
fuerza. El peligro de desarrollar primero el lado derecho estri-
baría en que los estudiantes no contarían con la comprensión y
la sabiduría necesarios para utilizar bien la energía, y no sólo
podrían encontrarse con algunos problemas más, sino que se
encontrarían con que les sucedían muchas cosas que no com-
prenderían y que no sabrían manejar ni controlar.

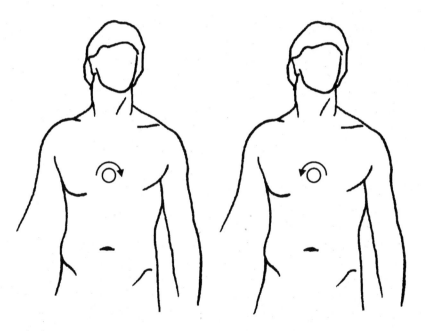

Observe que la rotación de la ener-
gía del chakra se dirige a la izquier-
da al pasar por la parte superior del
chakra, subrayando más los senti-
mientos.

Como el otro diagrama, pero girando
hacia la derecha por la parte supe-
rior, subrayándose más lo mental.

En algunas personas el flujo general de los chakras está inclinado hacia arriba; en general, esto suele ser indicativo de la persona tipo Pollyanna, que cree que todo es maravilloso y que sólo ve las cosas buenas de la vida. Es bueno ver lo positivo y lo bueno, pero también es preciso ser consciente del lado negativo de la gente, no sea que nos pongan la zancadilla. La situación opuesta es la de la persona cuyo flujo de los chakras siempre se dirige al suelo; estas personas pueden ser cínicas, o, en los momentos buenos, pueden tener una gran benevolencia, pero siempre cargada de sentimientos de condescendencia. Cuando el flujo de los chakras se inclina más hacia la derecha, la persona tenderá a los juicios de valor y será demasiado mental. Cuando el flujo de los chakras se inclina hacia la izquierda, la persona puede ser demasiado emocional, intentando comprender las cosas hasta tal punto que no funciona bien.

Algunas personas tienen en el cuerpo grandes cantidades de energía mal asimilada, de tal modo que la energía puede fluir entrando y saliendo por los chakras con gran fuerza. Cuando la energía sale con gran fuerza, la persona puede quedarse maníaca, o en estados de éxtasis insoportables. La persona no tiene una buena conexión energética en el cuerpo. La energía cae y tiende a bajar mucho, produciendo un estado deprimido. La energía se comprime, literalmente, en el cuerpo. Si usted padece estos altibajos, no intente que los puntos altos sean extremadamente altos, ni los bajos extremadamente bajos. Intente sentir la energía por todo su cuerpo. Tome la energía del éxtasis o de la depresión, extiéndala por todo el cuerpo y asimílela en sí mismo hasta que se sienta más equilibrado.

En una persona más desarrollada, los chakras fluirán suavemente en el sentido que requiere la pauta del destino de la persona. Fluirán en el sentido opuesto cuando sea necesario. Un chakra se parece mucho a un cuenco que gira; en las personas más desarrolladas habrá vórtices (remolinos) menores que fluyen dentro de este cuenco, como pétalos, junto al borde. En el chakra compasivo y amoroso del corazón, por ejemplo, hay doce pétalos. En el chakra del plexo solar hay diez pétalos. Hay

Los chakras vistos desde el exterior.

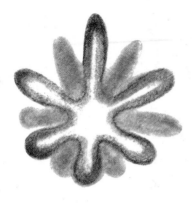

Este flujo es propio de las personas tipo «Pollyanna».

Este flujo es propio de la persona cínica.

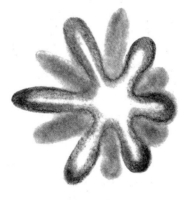

Hacia la derecha del cuerpo. El flujo hacia la derecha del cuerpo es propio de la persona demasiado mental.

Hacia la izquierda del cuerpo. El flujo hacia la izquierda del cuerpo es propio de la persona demasiado emocional.

doce en el chakra menor de la corona, y 960 en el chakra exterior de la corona.

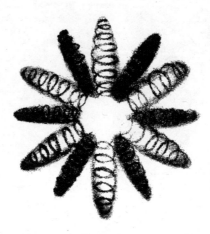

Por los pétalos más claros sale fluyendo energía, mientras que los pétalos más oscuros indican un flujo de energía hacia dentro.

Cuando un chakra y sus pétalos fluyen correctamente, se establece una cierta frecuencia que abre a la persona a capacidades videnciales o a niveles espirituales superiores. La persona más altamente desarrollada funciona en una octava superior de frecuencia energética. Con un chakra que ha sido limpiado y que gira correctamente, la persona tiene acceso a través de esa frecuencia a octavas superiores, y puede actuar en dimensiones superiores. Al desarrollarse las capacidades videnciales o espirituales, abunda la conciencia y la comprensión de la energía cósmica y otras dotes.

Tenga en cuenta que el principiante no debe trabajar todavía sobre las octavas superiores; mientras las zonas no se hayan limpiado y alineado debidamente, pueden producirse distorsiones de energía, de información y de conducta, dejando a la persona la sensación de haber retrocedido en su desarrollo.

No se obsesione por los símbolos o los colores que «se supone» que debe ver en cada chakra. Al irse limpiando y desarrollando los chakras verá muchos símbolos, entre ellos medias lunas, cuadrados, estrellas, triángulos, rombos y círculos. Los colores variarán al trabajar usted con diversas frecuencias de energía. Si se fuerza a trabajar demasiado pronto con los pétalos y con los colores correspondientes a cada chakra (ver la tabla 1), ello puede provocarle irritaciones y molestias. Al alcanzar la persona las octavas (o niveles) superiores, los colores de los chakras serán brillantes o resplandecientes. En un estado no desarrollado, los colores son muy apagados, o pueden aparecer zonas oscuras.

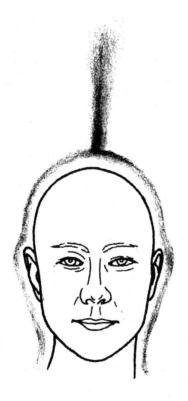

La línea sombreada indica la situación del cuerpo etérico, donde están situados los chakras.

TABLA 1.   INFORMACIÓN

Número común	Nombre sánscrito	Nombre español	Situación en la columna	Situación delantera	Colores	Número de pétalos
7	Sahasra-ra	Corona	Sobre la primera cervical	Parte superior de la cabeza	Centro: blanco y dorado; exterior cromático.	Centro: 12 Exterior: 960
		Quinto ojo	Sobre la segunda cervical	Centro de la frente	Colores brillantes del arco iris	16
6	Ajna	Tercer ojo	Sobre la segunda cervical	Entre las cejas	1/2 amarillo-rosáceo 1/2 azul-morado	96
5	Visudha	Garganta	Sobre la tercera cervical	Centro de la garganta	Azul plateado	16
4	Anahata	Corazón	Sobre la quinta torácica	Centro del pecho	Verde	12
		Plexo solar	Sobre la séptima torácica	Plexo solar	Amarillo	24
3	Manipu-ra	Ombligo	Sobre la décima torácica	Ombligo	Anaranjado	10
2	Swadhig hthana	Medio del sexo	Sobre la primera lumbar	Punto medio bajo el ombligo	Rojo bermellón	6
1	Mudlaha-ra	Raíz	Cóccix		Rojo-anaranjado brillante	4

SOBRE LOS CHAKRAS

Elemento	Poderes	Glándulas a las que afecta	Personalidad (P = positivo) (N = negativo)	Poderes cuando la Kundalini ha activado los niveles astrales de chakras
Espíritu	Habla	Pineal	P-unidad con todo, comprensión cósmica N-sentimientos de desánimo, alienación con respecto a la vida	Capacidad de abandonar el cuerpo con plena conciencia; mayor comprensión de la vida; perfeccionamiento de las funciones astrales
Mente		Pituitaria	P-visión más amplia de la vida N-estrechez de miras	Registros akásicos
Mente	Cognición	Pituitaria	P-hermandad, pensamiento creativo N-deseo de controlar a los demás, egocentrismo	Visión de formas geométricas, formas, colores, visiones. Se oye la voz del yo superior
Éter	Sonidos	Tiroides	P-razón, lógica N-rigidez, prejuicios, no aceptación de puntos de vista ajenos	Clariaudiencia, sonidos astrales, música
Aire	Tacto, sensaciones	Timo	P-compasión, intuición N-dureza de corazón, cerrazón, desánimo	Sensible a los dolores y a los padecimientos de los demás; puede encontrarlos en su propio cuerpo
	Manifestación	Páncreas	P-flexibilidad con las energías-abierto al cambio y al desarrollo N-atascado, miedo a dejar que se manifiesten cosas nuevas	Advierte los cambios próximos y su pertinencia
Fuego	Vista	Células de Leyden	P-tranquilidad, calma, pero con emociones llenas de colorido N-emotividad excesiva; amor con apego	Sensible a las influencias astrales, impresiones de recuerdo, algunos recuerdos de viajes astrales
Agua	Gusto	Ovarios o testículos	P-vitalidad, sexualidad N-ansia, emociones bajas	Comprensión básica de los ciclos de la creación /destrucción/nacimiento/ muerte
Tierra	Asimilación del olfato	Suprarrenales	P-buena autoimagen, seguridad por la conexión con la tierra N-inseguridad, nada a qué agarrarse, pérdida de contacto con la gravedad	Comienzo de la entrada al mundo de la inteligencia pura

Las personas no desarrolladas que tienen desequilibrado el flujo de energía de los chakras pueden relacionarse con el mundo principalmente a través de sólo uno o dos chakras. Supongamos, por ejemplo, que uno de ellos es un chakra sexual; entonces, siempre que hablemos con esa persona de cualquier cosa, acabará desviando la conversación hacia el sexo, o utilizará un vocabulario sexual. Una persona demasiado emocional siempre acabará hablando de sentimientos, sea cual sea el tema de partida. La persona demasiado mental puede no ser consciente de lo emocional, y a veces tampoco del cuerpo. Tenemos que trabajar todo lo que podamos por equilibrar el flujo de los chakras.

Los chakras están situados en un nivel etéreo, a muy poca distancia del cuerpo. Cuando vaya desarrollando esta zona, descubrirá otros chakras más alejados del cuerpo. En el borde exterior del aura emocional o astral, por ejemplo, habrá otro chakra; por fuera del aura mental habrá otro, y así sucesivamente, a través de los siete cuerpos. A la larga, es preciso desarrollar todos estos chakras, pero su desarrollo se basa en el desarrollo de los que están inmediatamente por encima del cuerpo físico.

Un aparato de radio recibe una energía básica, la eléctrica. Cambiando la frecuencia de esa energía es posible recibir diversas emisoras. Lo mismo nos sucede a nosotros: tenemos nuestra energía Kundalini básica y nuestra energía espiritual, y nuestros chakras pueden transformar estas energías a diversas frecuencias. Algunas están relacionadas con las emociones; otras, con los sentimientos sexuales o con el amor puro, con las capacidades mentales, videnciales o curativas y con otras funciones diversas. Aprender a controlar y a desarrollar estas zonas forma parte de la formación en el dominio de las energías.

Capítulo **7**

Los chakras de los siete cuerpos

Introducción

Como dijimos en el capítulo 4, tenemos siete cuerpos o frecuencias vibratorias básicas donde residen nuestras unidades de conciencia. Nuestros chakras están relacionados con estos niveles concretos: físico, emocional o astral, mental, intuitivo/compasivo, de la voluntad/espíritu, del alma y divino. Los tres primeros están relacionados con nuestros niveles de personalidad, y los cuatro últimos lo están con nuestros niveles espirituales. Cada uno de los siete cuerpos tiene siete niveles o subniveles diferentes, cuyas frecuencias vibratorias se corresponden con los siete cuerpos principales; por ejemplo, el cuerpo físico tiene subniveles físico, emocional o astral, mental, intuitivo/compasivo, de la voluntad/espíritu, del alma y divino. Cada subnivel tiene su propio vórtice de energía (o chakra). Los chakras más potentes de cada cuerpo son los chakras dobles: por ejemplo, los chakras físicos del cuerpo físico, los centros emocionales del cuerpo emocional, el nivel mental del cuerpo mental. Consulte en la Tabla 1 del capítulo anterior la finalidad de los chakras en relación con los niveles y con los subniveles del cuerpo. La Tabla 2, en la página siguiente, indica la situación de todos los subniveles.

Todos los niveles están interrelacionados entre sí; lo que afecta a uno, afecta a los demás. Un problema que se manifieste en un nivel determinado de uno de los cuerpos también se

TABLA 2

Chakras de los planos → Chakras de los 7 cuerpos	I Chakras del plano físico (etérico)	II Chakras del plano emocional (astral)	III Chakras del plano mental	IV Chakras del plano intuitivo/ compasivo	V Chakras de la voluntad/ espíritu	VI Chakras del nivel del alma	VII Chakras del nivel divino
Chakras del cuerpo físico (etérico)	Talones y base de las manos	El bazo	Sobre los hombros y «huesos de sentarse» de la pelvis	Ligeramente por debajo de los pómulos, en el maxilar	En el esternón, entre los pechos	Glándulas suprarrenales, sobre los riñones	Cóccix (chakra de la raíz)
Chakras del cuerpo emocional (astral)	El estómago	Chakra del ombligo	Baja espalda, entre el chakra de la raíz y la zona lumbar	Apéndice xifoides (borde inferior del esternón)	Zona de la columna, a la espalda, por debajo de la cintura	Unos 5 cm. a cada lado del chakra compasivo del corazón	Chakra compasivo del corazón (centro de la parte superior del tórax)
Chakras del cuerpo mental	Parte baja de la garganta	Las sienes	Tercer ojo, entre las cejas	Sobre el ombligo, centro del colon transverso	Parte alta de la garganta, en la raíz de la lengua, bajo la barbilla	Quinto ojo (centro de la frente)	Séptimo ojo, parte superior frontal de la cabeza (a 3-5 cm. por detrás del arranque del cabello)
Chakras del cuerpo intuitivo/compasivo	El hígado	Pantorrillas exteriores, a mitad de camino sobre las rodillas, y a mitad de camino de la mitad superior de los brazos	En el esternón, sobre el apéndice xifoides	Chakra compasivo del corazón	A ambos lados de la nariz, junto a los orificios nasales	Pupilas de los ojos	Bulbo raquídeo, base del cerebro
Chakras de la voluntad/espíritu.	Palmas de las manos y plantas de los pies	Corvas y parte interior de los codos	Axilas y parte equivalente de las piernas	2,5 a 5 cm. bajo el perineo (debajo del cuerpo)	Chakra de fuerza del sexo (hacia mitad de camino entre el ombligo y el hueso púbico)	Punto blanco o «agujero» en la parte trasera de la cabeza	Este chakra está a cuatro dedos de altura sobre la cabeza
Chakras del cuerpo del alma	Empeine del pie y en la muñeca bajo el pulgar (en el hueso)	Parte interior de las piernas sobre las rodillas, y parte interior de los brazos sobre los codos	Borde anterior de las axilas y parte anterior de la unión de las piernas con la pelvis	Ovarios o testículos	Hacia 2,5 cm. sobre las costillas inferiores, a ambos lados del tórax	A ambos lados del cuello, dentro de la clavícula	Sobre las orejas, a ambos lados de la cabeza
Chakras del cuerpo divino	Puntas de los dedos de las manos y de los pies, bajo las uñas	Hueso que asoma en la parte posterior de la cabeza (chakra de la devoción)	Parte inferior del íleon; hueso pélvico	Plexo solar	«Herradura» en la base de la garganta	Unos 2 o 3 cm. a la derecha del ombligo	Chakra de la corona (parte superior central de la cabeza)

manifestará en el nivel correspondiente de los otros seis. Por ejemplo, un problema en el nivel emocional del cuerpo físico causará problemas en el nivel emocional de los cuerpos emocional, mental, intuitivo/compasivo, de la voluntad/espíritu, del alma y divino. También es cierto que la liberación o la limpieza a un nivel facilitará la liberación o la limpieza al nivel correspondiente de los demás cuerpos. La meta última es que todo se limpie y se armonice; llegado ese punto, disponemos de nuestro máximo poder y sensación de bienestar.

Ejemplo: Un problema en el nivel tercero (mental) de su cuerpo intuitivo/compasivo puede provocarle una mala actitud hacia las cosas que comprende. Aparecería bien como una fijación mental en que su comprensión no tiene valor, bien como un sentimiento de que su comprensión es la verdad absoluta (volviéndolo inflexible y orgulloso). Este mal funcionamiento al nivel mental del cuerpo intuitivo/compasivo provocaría también, probablemente, un mal funcionamiento de su actitud hacia su cuerpo físico, sus sentimientos, su capacidad mental y su capacidad de pensar (la voluntad/espíritu). Cuando usted tiene dificultades a la hora de aceptar su cuerpo físico, también puede tenerlas al nivel físico de todos los demás cuerpos: el estómago (cuerpo emocional), la garganta (cuerpo mental), el hígado (cuerpo intuitivo/compasivo), las palmas de las manos y las plantas de los pies (cuerpo de la voluntad/espíritu), el empeine y los lados de las muñecas (cuerpo del nivel del alma), y las puntas de los dedos de las manos y de los pies (cuerpo divino).

Diferencias entre la era de Piscis y la de Acuario

Durante los 2.600 años, aproximadamente, que ha durado la era de Piscis, las personas han pasado vidas enteras trabajando principalmente con uno de sus cuerpos, con dos o tres a lo sumo; pero ahora debemos limpiar y desarrollar todos los cuerpos para conseguir la unidad necesaria para utilizar el poder de las energías de la era de Acuario. Éste es uno de los motivos por los que parece que tanto karma sin resolver está llegando a un punto crítico; estamos viviendo una limpieza general en todos los terrenos. Las personas que tienen dificultades a la hora de manejar las poderosas energías limpiadoras de la era de Acuario pueden reaccionar ante la presión de la energía y ante su incapacidad de utilizarla constructivamente cayendo en la ira, en la violencia o en la depresión. Los que han conseguido ya una buena limpieza y unificación en sus cuerpos, o que por lo menos están realizando un trabajo intensivo de limpieza, serán capaces de utilizar la energía de la era de Acuario de formas constructivas, alegres, creativas y espirituales.

Uno de los aspectos de la era de Acuario es una mayor conciencia del cuerpo físico y de sus funciones. A la mayoría de nosotros nos han enseñado a confiar principalmente en nuestra capacidad cerebral como fuente de información; pero, sintonizando con la conciencia recibida a través del cuerpo por los chakras, estaremos mejor sintonizados con las energías mentales y espirituales superiores, y estaremos más liberados de las restricciones y de la programación cerebral. El desarrollo y el empleo del cerebro era muy importante en la era de Piscis, pero ahora tenemos que extendernos a octavas superiores de energías mentales y espirituales.

Los cuerpos y los chakras

Los diagramas siguientes muestran las situaciones de los siete niveles de chakras de cada cuerpo. A usted le puede interesar conocer las zonas problemáticas de su cuerpo y sus chakras correspondientes. En el capítulo siguiente encontrará ejercicios que le facilitarán la limpieza y el desarrollo.

Cuerpo físico

El cuerpo físico es el más denso de los siete cuerpos; es el único que se puede ver sin visión clarividente. A través del cuerpo físico expresamos, recibimos, nos hacemos conscientes. Los siete niveles de chakra siguientes componen el cuerpo físico:

1. *Nivel físico*

Cuatro situaciones: en los talones y en el borde inferior de la palma de las manos.

Función: vía de salida de la energía para la autoafirmación y para liberar la agresividad física; puntos de fuerza.

Demasiado abierto: muy exigente.

Bloqueado: tendencia a caminar cargando más el peso sobre las puntas de los pies; a no manifestar el propio yo o a desear pasar desapercibido; sensación de caminar sobre cáscaras de huevo; las manos pueden parecer frías y retraídas; resulta difícil extender los brazos y dar la mano o tocar a las demás personas.

2. *Nivel emocional*

Situación: en el bazo.

Función: tranquilidad en el nivel emocional.

Demasiado abierto: se manifiesta demasiada ira, a veces de maneras malsanas.

Bloqueado: se retiene demasiada ira, que puede liberarse de maneras inconscientes.

3. *Nivel mental*

Cuatro situaciones: en la parte superior de los hombros, sobre las coyunturas, y a ambos lados de la pelvis.

Función: manifestación de actitudes mentales para con el cuerpo y su funcionamiento en el mundo físico.

Demasiado abierto: demasiada conciencia del cuerpo y preocupación por el mismo.

4. *Nivel intuitivo/compasivo*

Dos situaciones: en los pómulos, un poco por debajo de éstos y dentro del hueso maxilar.

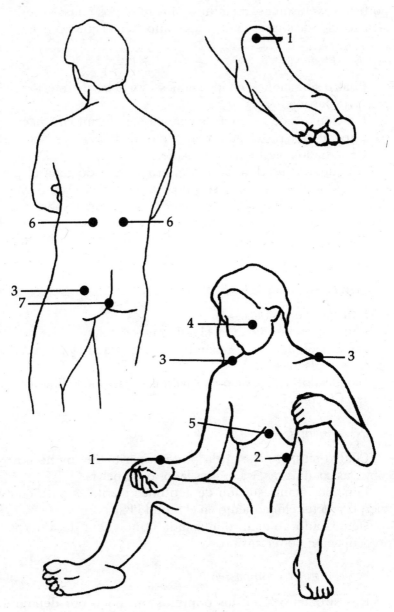

Situaciones de los chakras físicos.

Función: libera la energía para una comprensión o compasión más profunda para con el cuerpo.

Demasiado abierto: preocupación con el cuerpo.

Bloqueado: se descuidan las necesidades del cuerpo; es muy similar al chakra anterior.

5. *Nivel de la voluntad/espíritu*

Situación: entre los pechos, en el esternón.

Función: disposición para vivir verdaderamente la vida; aporta fuerza de voluntad para las actividades físicas y para la supervivencia.

Demasiado abierto: falta de precaución cuando se necesita precaución.

Bloqueado: miedo a vivir de verdad o a poner el corazón en los actos de uno; a veces, falta de voluntad de vivir.

6. *Nivel del alma*

Dos situaciones: en las glándulas suprarrenales (sobre los riñones).

Función: autoconservación; conciencia de la necesidad de luchar o huir; acción al nivel YO SOY; acopio de fuerzas para la salud del cuerpo.

Demasiado abierto: preocupación excesiva por la reacción de lucha o huida o por imponer la propia voluntad.

Bloqueado: necesidad de justificar la propia existencia; sentimiento de desconexión con el nivel del alma; ira reprimida; se está abierto a la enfermedad, con sentimientos de rechazo.

7. *Nivel divino*

Situación: chakra de la raíz; hueso cóccix (comúnmente llamado rabadilla).

Función: limpia y armoniza las energías de bajo nivel; sentimiento de seguridad por el contacto con la tierra y con la energía de nivel superior.

Demasiado abierto: se corren riesgos excesivos.

Bloqueado: falta de seguridad; incapacidad para manejar bien las energías de bajo nivel.

Cuerpo emocional

El cuerpo emocional tiene una frecuencia vibratoria a través de la cual sentimos y manifestamos las emociones; también es una vía de paso hacia lo divino, y cuando está plenamente desarrollado sirve de vía de salida de los sentimientos de amor divino.

1. *Nivel físico*

Situación: en el estómago.
Función: digestión de las emociones.
Demasiado abierto: credulidad; se da demasiada importancia a los sentimientos.
Bloqueado: incapacidad para soportar o digerir las emociones; incapacidad para actuar de manera proporcionada a las emociones.

2. *Nivel emocional*

Situación: en el ombligo.
Función: el más potente de los chakras emocionales; vínculo de unión con las demás personas al nivel de los sentimientos.
Demasiado abierto: emotividad excesiva; incapacidad de pensar con claridad por la presión excesiva de las emociones.
Bloqueado: Sentimientos menos refinados o desarrollados; se puede tener un carácter explosivo; aunque las energías estén bloqueadas en este nivel, la persona seguiría estando excesivamente preocupada por sus sentimientos.

3. *Nivel mental*

Situación: en la baja espalda, sobre el chakra de la raíz y por debajo de la zona lumbar.
Función: pensar o razonar sobre los sentimientos; humor y aceptación de la vida.

Demasiado abierto: preocupación excesiva por los sentimientos.

Bloqueado: falta de humor; los sentimientos y el propio yo
se toman demasiado en serio.

4. *Nivel intuitivo/compasivo*

Situación: en el apéndice xifoides (unido a la parte inferior
del esternón).

Función: determinar lo que es correcto o incorrecto para la
persona; principio de la energía de la conciencia.

Demasiado abierto: sentimientos de culpa excesivos; siempre se está intentando justificar o explicar la propia postura o
los propios sentimientos.

Bloqueado: sentimientos de culpa bloqueados; se pueden
adoptar las expectativas de otras personas sin comprenderlas.

5. *Nivel de la voluntad/espíritu*

Situación: en la columna vertebral, a la altura de la cintura
por la espalda.

Función: fuerza emocional; ayuda a equilibrar las emociones; ayuda a la sensación de tener «espinazo».

Demasiado abierto: se impone la propia voluntad a los
demás por medios emocionales; demasiado enérgico.

Bloqueado: poca fuerza de voluntad; los demás nos afectan
emocionalmente con demasiada facilidad.

6. *Nivel del alma*

Dos situaciones: a ambos lados del chakra compasivo del
corazón.

Función: ayuda a reforzar nuestra capacidad de dar y de
recibir amor y de ser conscientes de nuestra propia presencia
YO SOY en el proceso del amor.

Demasiado abierto: podemos sentir una necesidad excesiva
de amar a los demás o de ser amados por los demás.

Bloqueado: no nos atrevemos a amar, o no nos sentimos dignos de amar o de ser amados; los bloqueos en el lado derecho se

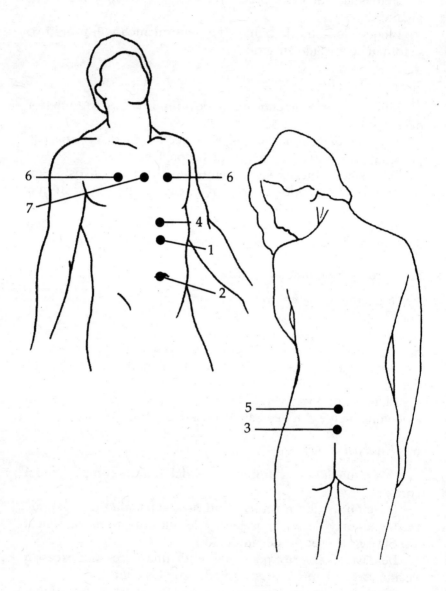

Situaciones de los chakras emocionales.

relacionan con las actitudes acerca del amor; los bloqueos en el lado izquierdo se relacionan con los sentimientos acerca del amor.

7. *Nivel divino*

Situación: chakra compasivo del corazón (centro de la parte superior del tórax).

Función: sentimiento de unidad de todos los niveles; integración de las emociones para el equilibrio; amor, compasión y comprensión de los demás.

Demasiado abierto: preocupación excesiva por amar lo suficiente, por hacer lo suficiente por los demás; la persona se puede sentir aniquilada.

Bloqueado: dureza de corazón; cerrazón; miedo a amar.

Cuerpo mental

El cuerpo mental es la frecuencia vibratoria a través de la cual pensamos y razonamos. Cuando actuamos en los niveles inferiores del cuerpo mental, nuestros pensamientos y actitudes pueden estar muy influidos por los sentimientos, con lo que surge una «mente de deseo», entre cuyos productos se cuentan los prejuicios, las opiniones y otras formas de pensamiento con carga emocional. Actuando a los niveles superiores del cuerpo mental, somos capaces de practicar el pensamiento abstracto, la creatividad, el razonamiento lógico, las matemáticas y la filosofía.

1. *Nivel físico*

Situación: en la parte baja de la garganta.

Función: aceptar lo que es; organizar maneras de trabajar con las situaciones; un sentimiento de capacidad para producir cambios.

Demasiado abierto: siempre se está intentando asumir el control de las cosas y, normalmente, de las vidas de los demás.

Bloqueado: incapacidad de aceptar (de tragar) mentalmente; incapacidad de trabajar con las situaciones; quizás excesivo orgullo o prejuicios.

2.   *Nivel emocional*

Situación: en las sienes.
Función: sentimientos sobre las cosas que se perciben.
Demasiado abierto: excesivos intentos de captarlo todo.
Bloqueado: puede distorsionarse la visión, o sólo verse lo que se capta con comodidad.

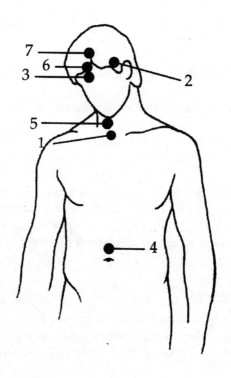

Situaciones de los chakras mentales.

3. *Nivel mental*

Situación: tercer ojo (entre las cejas).

Función: lugar de residencia del ego; refuerza el propio yo como individuo independiente; visión videncial.

Demasiado abierto: egoísmo.

Bloqueado: ego débil o invertido; cerrado a otras dimensiones de la vida.

4. *Nivel intuitivo/compasivo*

Situación: en el centro del colon transverso (sobre el ombligo).

Función: nivel emocional de aceptación o de rechazo de los pensamientos; conexión emocional-mental.

Demasiado abierto: sentimiento de que los propios pensamientos son excesivamente importantes.

Bloqueado: ideas o pensamientos mal digeridos; puede provocar estreñimiento.

5. *Nivel de la voluntad/espíritu*

Situación: parte superior de la garganta, en la raíz de la lengua, al fondo de la barbilla.

Función: activa la voluntad de manifestar los pensamientos y de hablar.

Demasiado abierto: manifestación excesiva de los pensamientos (se habla demasiado).

Bloqueado: falta de confianza en la propia capacidad mental; se atragantan las palabras; garganta irritada.

6. *Nivel del alma*

Situación: quinto ojo (en el centro de la frente).

Función: activa la mente superior para el pensamiento creativo; aporta conciencia del cuadro general de la vida y del propio papel dentro de ella.

Demasiado abierto: demasiada preocupación por los valores altruistas.

Bloqueado: centrado en uno mismo; falta de visión.

7. *Nivel divino*

Situación: séptimo ojo (inmediatamente por encima del quinto ojo, entre 20 y 25 milímetros sobre el límite normal del arranque del cabello).

Función: conciencia del propio yo al nivel del alma; punto de comunicación con el yo superior.

Demasiado abierto: preocupación excesiva por la visión superior del propio yo.

Bloqueado: incapacidad de percibir y de utilizar las percepciones espirituales; preocupación exclusiva por el aspecto humano de la vida.

Cuerpo intuitivo/compasivo

Ésta es la frecuencia vibratoria en la que sentimos compasión y alcanzamos comprensión del yo y de los demás. También es un vehículo para la manifestación de formas superiores del amor (una puerta de acceso a lo Divino) que sirve de vínculo que conecta entre sí el nivel emocional y el divino. En este cuerpo estamos por encima de los límites del tiempo y del espacio; existe comprensión sin que sea necesario seguir un proceso de razonamiento y de pensamiento. Este cuerpo es el lugar de residencia de la intuición.

1. *Nivel físico*

Situación: en el hígado.

Función: energía para actuar basándonos en lo que creemos espiritualmente que es correcto para nosotros.

Demasiado abierto: falta de conciencia del modo en que nuestra orientación espiritual puede funcionar mejor al lado de la orientación espiritual de las demás personas; demasiado insistentes con nuestras percepciones.

Bloqueado: falta de «hígado» (es decir, de valor); podemos sentirnos cobardes a la hora de actuar basándonos en nuestra propia comprensión espiritual.

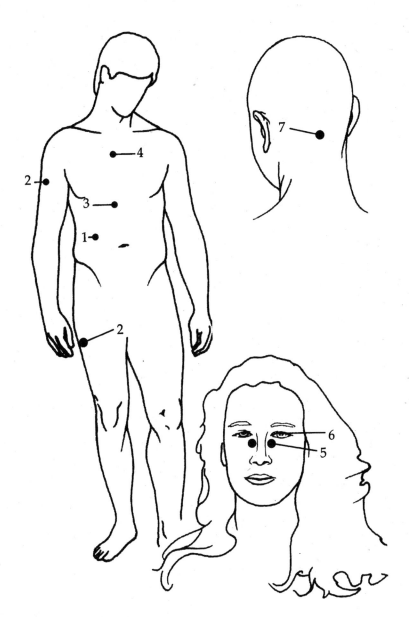

Situaciones de los chakras intuitivos/compasivos.

2. Nivel emocional

Cuatro situaciones: en el punto medio de los bordes superiores de las pantorrillas y de los brazos entre el hombro y el codo.

Función: conexión con las demás personas; sentimiento del flujo de energía entre nosotros y los demás.

Demasiado abierto: demasiado consciente de la energía de las demás personas, sin equilibrarla con la propia.

Bloqueado: cerrado a los demás.

3. Nivel mental

Situación: parte inferior del esternón, por encima del apéndice xifoides.

Función: flujo adecuado en la vida y en las relaciones personales.

Demasiado abierto: aceptación excesiva.

Bloqueado: demasiado apego o demasiado rechazo.

4. Nivel intuitivo/compasivo

Situación: chakra del corazón, en el centro de la parte superior del tórax (este chakra es el mismo que el del séptimo nivel del cuerpo emocional).

Función: es el más importante de todos los chakras para la expresión del amor, de la compasión y de la comprensión incondicionales.

Demasiado abierto: preocupación excesiva por los demás; falta de equilibrio entre el yo y los demás.

Bloqueado: dureza de corazón; amor, compasión y comprensión con condiciones.

5. Nivel de la voluntad/espíritu

Dos situaciones: a ambos lados de la parte superior de la nariz.

Función: chakras de fuerza, que aportan el valor necesario para combinar la energía de la tierra con la del cielo para su uso práctico.

Demasiado abierto: exceso de energía terrena o celestial; incapacidad de volver a llevar las energías al interior del yo.

Bloqueado: sentimiento de impotencia o de incapacidad en los terrenos citados.

6. *Nivel del alma*

Dos situaciones: en las pupilas.

Función: manifestación profunda de la presencia YO SOY; a veces se les llama «las ventanas del alma».

Demasiado abierto: necesidad excesiva de sentirse profundo.

Bloqueado: miedo a la propia profundidad; los ojos pueden tener el aspecto de que no hay nadie detrás de ellos (se puede sentir esto al mirar a los demás).

7. *Nivel divino*

Situación: base del cerebro, bulbo raquídeo.

Función: estimula la comprensión divina; conciencia dichosa del yo como uno con Dios; armoniza la comprensión de las percepciones a los niveles inferiores con el plan divino sobre nuestra propia vida.

Demasiado abierto: preocupación por los niveles superiores, a costa del nivel humano.

Bloqueado: preocupación por el nivel humano y por la conciencia mundana de la vida.

Cuerpo de la voluntad/espíritu

El cuerpo de la voluntad/espíritu es el vehículo o frecuencia vibratoria a través de la cual se manifiesta como voluntad, y es el nivel superior que puede alcanzar una persona sin dejar de negar los niveles divino o del alma; esto posibilita una gran negatividad o karma, porque la energía es tan elevada que puede provocar una gran destrucción cuando se utiliza mal. Ésta es la región donde se decide entre la voluntad Divina o la voluntad individual.

1. *Nivel físico*

Cuatro situaciones: en las palmas de las manos y en las plantas de los pies.

Función: sentir la energía en relación con el mundo exterior.

Demasiado abierto: excesivo compromiso con los demás; deseo excesivo de compartir o de arreglar el mundo.

Bloqueado: mala circulación; frío en las manos o en los pies; retraimiento a la hora de compartir con el mundo.

2. *Nivel emocional*

Cuatro situaciones: en las corvas y en la parte interior de los codos.

Función: capacidad de afirmarse a uno mismo al nivel emocional y de estar abierto a la acción del nivel de los sentimientos.

Demasiado abierto: exceso de afirmatividad.

Bloqueado: debilidad en las rodillas; falta de apoyo emocional a la propia voluntad o deseos.

3. *Nivel mental*

Cuatro situaciones: en las axilas y en la parte delantera de las zonas donde las piernas se unen al cuerpo.

Función: aceptación mental de la propia voluntad y deseos; llevar a la práctica los pensamientos.

Demasiado abierto: exceso de egocentrismo.

Bloqueado: mala actitud hacia el propio yo; miedo y retraimiento en algunas zonas.

4. *Nivel intuitivo/compasivo*

Situación: a una pulgada (2,5 cm.) por debajo de la ingle.

Función: aporta energía para la comprensión y el uso de la fuerza; chakra compañero del chakra de séptimo nivel de este mismo cuerpo.

Demasiado abierto: debe tenerse cuidado con este chakra; su fuerza puede ser negativa cuando el cuerpo no está desarrollado para manejar energías superiores.

Bloqueado: intensifica las energías sexuales negativas; aumenta los sentimientos de violencia o una necesidad de explotar.

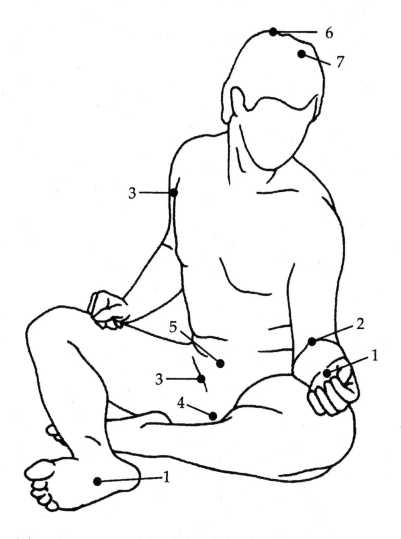

Situaciones de los chakras de la voluntad/espíritu.

5. *Nivel de la voluntad/espíritu*

Situación: chakra de la fuerza del sexo (el segundo chakra por debajo del ombligo).

Función: fuente de fuerza de la energía física, del impulso sexual, de la energía curativa, de la alegría de vivir.

Demasiado abierto: fuerza o energía sexual excesivas o incontroladas. Bloqueado: miedo a la fuerza, falta de alegría, energía sexual negativa o pervertida.

6. *Nivel del alma*

Situación: detrás del chakra de la corona, en la parte superior de la cabeza.

Función: ayuda a alcanzar el nirvana o los estados de beatitud; es el chakra del «no se cumpla mi voluntad, sino la tuya».

Demasiado abierto: mareos, incapacidad de utilizar las energías superiores en la vida diaria.

Bloqueado: nubla la conciencia de los niveles superiores espirituales y mentales.

7. *Nivel divino*

Situación: a cuatro dedos por encima de la cabeza; es menor que el chakra de la corona.

Función: aquí se combinan las energías humanas y espirituales, permitiéndonos alcanzar niveles superiores de una manera activa, práctica.

Demasiado abierto: mareos, o agotamiento de la energía del cuerpo físico.

Bloqueado: produce sentimientos de aislamiento, de soledad, de falta de conexión con el nivel del alma, de desprecio del propio yo.

Cuerpo del alma

El cuerpo del alma es el vehículo para la manifestación de las energías del alma y el lugar de residencia de la presencia YO SOY. Aporta orientación para el nivel humano.

1. *Nivel físico*

Cuatro situaciones: en el empeine de los pies y en las muñecas, bajo los pulgares.

Función: refuerza la capacidad de poner en acción la presencia **YO SOY**; aporta manifestación del alma en el nivel físico.

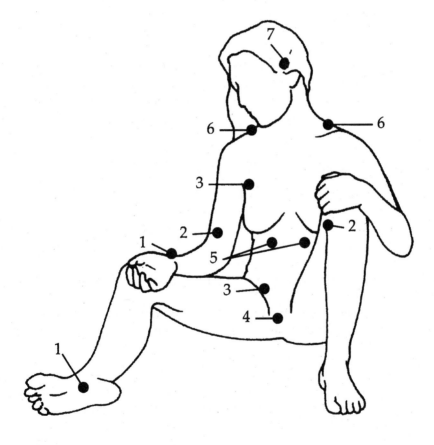

Situaciones de los chakras del alma.

Demasiado abierto: preocupación por el yo; tendencia a no hacer caso de los demás.

Bloqueado: debilidad en las manos y en los pies; retraimiento general con respecto a la vida.

2. *Nivel emocional*

Cuatro situaciones: parte interior de las piernas, inmediatamente por encima de las rodillas, y parte interior de los brazos, inmediatamente por encima de los codos.

Función: flujo de la presencia YO SOY a través de los sentimientos.

Demasiado abierto: exceso de preocupación por las prioridades de los propios sentimientos.

Bloqueado: debilidad en las rodillas; brazos contraídos hacia el cuerpo; retraimiento ante las emociones más profundas y más personales.

3. *Nivel mental*

Cuatro situaciones: en la parte interior de la unión de las rodillas y la pelvis, y en el tronco, bajo las axilas.

Función: expresión de la presencia YO SOY a través del razonamiento mental; actitud lógica o saludable hacia el yo como persona y como unidad.

Demasiado abierto: preocupación por la manifestación del yo como persona o como unidad.

Bloqueado: mala postura; sentimiento de falta de justificación en la vida, de desconexión entre las zonas mental y del alma.

4. *Nivel intuitivo/compasivo*

Dos situaciones: en los ovarios o en los testículos.

Función: desarrollo de la orientación sexual hacia el yo y hacia el mundo; identidad saludable de las polaridades.

Demasiado abierto: sentimiento de ser un regalo de Dios para el otro sexo.

Bloqueado: miedo a la sexualidad y a no ser espirituales;

miedo a la conducta inadecuada en las relaciones masculinas/femeninas.

5. *Nivel de la voluntad/espíritu*

Dos situaciones: cerca de una pulgada (2,5 cm.) por encima de las costillas inferiores, a ambos lados del tórax.

Función: capacidad de captar y aprovechar el aliento de la vida; afirmación del propio derecho a existir.

Demasiado abierto: necesidad excesiva de espacio.

Bloqueado: sensación de ahogarse en las energías de los demás; problemas pulmonares; respiración inadecuada.

6. *Nivel del alma*

Dos situaciones: a ambos lados de la garganta, en la curva de unión del cuerpo con el cuello.

Función: manifestación de la propia dignidad; sentimientos de valía; ir con la cabeza alta por la vida.

Demasiado abierto: orgullo.

Bloqueado: tensión en la zona del cuello; tendencia a encoger el cuello y la cabeza hacia el cuerpo (complejo de tortuga).

7. *Nivel divino*

Dos situaciones: justo por encima de las orejas.

Función: experimentar el yo como uno con Dios; experimentación del yo como unidad de la conciencia de Dios; orientación de la propia vida por el conocimiento de la conciencia de Dios.

Bloqueado: dolores de cabeza; mala percepción o visión de las energías del propio destino; sensación de «perder algo».

Cuerpo divino

El cuerpo divino es el séptimo, y el más elevado de todos. En este cuerpo nos relacionamos con la chispa de lo divino que está en nuestro interior. A través de esta energía podemos sentir profundamente la presencia de Dios en nuestras vidas y sentir la unidad con Dios (usted puede preferir hablar de realidad divina, de fuente divina: utilice el término que le parezca que describe mejor esta energía para usted).

1. *Nivel físico*

Veinte situaciones: en las puntas de los dedos de las manos y de los pies.

Función: energías curadoras y percepciones de las energías que nos rodean.

Demasiado abierto: agota la energía.

Bloqueado: puede convertirse en ira y en deseo de abrirse camino a patadas o a empujones, literal o figuradamente; puede afectar a la salud de las manos y de los pies.

2. *Nivel emocional*

Situación: chakra de la devoción, en el centro de la parte posterior de la cabeza.

Función: manifestación de la devoción hacia lo divino.

Demasiado abierto: posible devoción excesiva por el propio yo, o por una causa (fanatismo o celo exagerado), sobre todo si también está bloqueada la corona.

Bloqueado: falta de sentimientos, de interés, o incluso de reconocimiento de la existencia de un nivel o de unos seres divinos, o de la propia conexión con esta zona; a veces, frialdad con los demás.

3. *Nivel mental*

Dos situaciones: inmediatamente por dentro de los huesos de la pelvis, inmediatamente por encima de donde las piernas se unen al cuerpo.

Función: manifestación de agradecimiento y de fe; nos abre a nuestra propia abundancia.

Demasiado abierto: conducta «de Pollyanna»; avaricia.

Bloqueado: puede limitar el agradecimiento y bloquear el flujo de la abundancia.

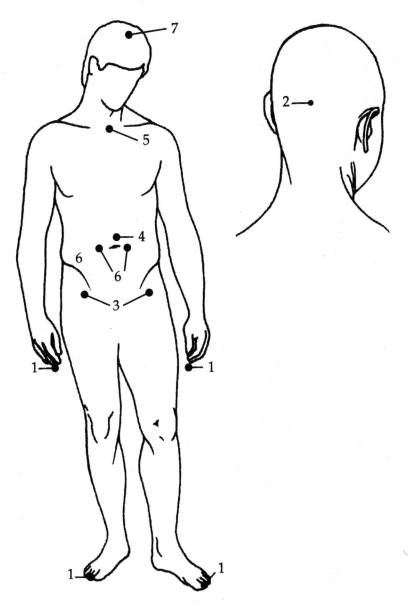

Situaciones de los chakras divinos.

4. *Nivel intuitivo/compasivo*

Situación: en el plexo solar, inmediatamente por debajo del chakra del apéndice xifoides; relacionado con el páncreas.

Función: las energías espirituales entran por aquí para repartirse por el cuerpo; despierta y refina el sistema a vibraciones superiores y a la dulzura de la vida; muchas energías fluyen por este chakra para la manifestación de las circunstancias de la propia vida; relacionado con el propio papel en el mundo.

Demasiado abierto: búsqueda excesiva de la dulzura de la vida; preocupación excesiva por el propio papel en la vida.

Bloqueado: cerrado a las energías espirituales, a la dulzura y a la alegría de la vida; miedo al cambio y a la apertura a las cosas más grandes de la vida.

5. *Nivel de la voluntad/espíritu*

Situación: en el hueco que existe en la base de la garganta (los huesos tienen forma de herradura).

Función: deseo o voluntad de servicio en el mundo.

Demasiado abierto: compromiso excesivo con los demás, a costa del propio destino-energía; sentimientos de estar salvando el mundo.

Bloqueado: miedo a dar o a servir a los demás; sentimientos de mártir.

6. *Nivel del alma*

Dos situaciones: a una pulgada (2,5 cm.) o algo más, a cada lado del ombligo (depende del tamaño del cuerpo).

Función: unificación de las energías del cuerpo con las energías divinas o con las de los demás.

Demasiado abierto: búsqueda excesiva de la unidad.

Bloqueado: puede ser destructivo para el yo o para los demás.

7. *Nivel divino*

Situación: chakra de la corona, en el centro de la parte superior de la cabeza.

Función: conexión con los niveles espirituales superiores; equilibrio en la vida diaria.

Demasiado abierto: mareos; incapacidad de funcionar en la vida diaria; podemos sentirnos agotados o débiles.

Bloqueado: negatividad; desprecio del yo; falta de conexión con los niveles divinos; desequilibrio; confusión.

Capítulo 8

El desarrollo de los chakras

Cómo trabajar con los chakras

Es mejor trabajar con un único nivel de un cuerpo de chakras a la vez. El procedimiento más eficaz consiste en empezar al nivel físico del cuerpo físico; pasar al nivel emocional del cuerpo físico, después al mental, y así sucesivamente hasta completar los siete niveles del cuerpo físico. Terminado el trabajo sobre el cuerpo físico, pase al cuerpo emocional, al mental, y así sucesivamente hasta pasar por todos los cuerpos.

Introduzca una excepción en esta regla si un chakra o un cuerpo determinados están doloridos, muy tensos, o si intentan abrirse por su cuenta; en ese caso, puede interesarle empezar por ese punto. Complete todos los chakras del cuerpo en cuestión; después, empiece por el cuerpo físico y vaya subiendo.

Es mejor trabajar únicamente con uno de los cuerpos a la vez, porque usted puede marearse, confundirse o turbarse si se ocupa de demasiados cuerpos a la vez.

Limpieza y apertura de los chakras

1)   Localice con la mano el chakra o chakras en el cuerpo. Siga las instrucciones, observando las zonas indicadas en las ilustraciones de los capítulos anteriores. En general, la energía

de los chakras tendrá una sensación diferente de la de las zonas que la rodean.

2)   Aplique un suave masaje sobre el chakra. Esto ayuda a abrirlo y a liberar cualquier bloqueo que pudiera existir. Si existe mucho dolor, no aplique masaje; mantenga la mano sobre el chakra y envíele energía. La energía adicional ayuda a liberar el bloqueo. Facilite más todavía la liberación imaginándose la energía que va de su mano al chakra; la energía sigue a la imaginación. Deje el chakra después de algunos momentos. No presione mucho el apéndice xifoides, pues es fácil dañarlo.

3)   Acuéstese o siéntese cómodamente. Libérese completamente, y deje que le lleguen pensamientos o sentimientos. Cuando usted libera energía de un chakra, le llega información a su conciencia; puede ser un mensaje poderoso, el recuerdo de un incidente, o una actitud. Deje vagar su mente. El tiempo necesario para que acudan estos mensajes puede oscilar entre unos momentos y hasta quince o treinta minutos. Haga lo que le parezca más cómodo, pero no interrumpa demasiado pronto el proceso. Si no le viene nada y se siente cómodo dejándolo, está bien; pero si se siente inquieto, incómodo o irritable, es más probable que le convenga seguir con él. Recuerde: los bloqueos pueden haber existido durante mucho tiempo, y a usted no le interesa rehacer el bloqueo o guardarse las cosas. Cuando la limpieza esté completa, usted sentirá normalmente una liberación de energía, y se sentirá refrescado y cargado de energía.

Flujos de energía

Al principio, intente dejar que la energía salga directamente por sus chakras, absteniéndose de hacer girar los chakras en ninguno de los dos sentidos. Limítese a dejar salir la energía de una manera directa, hasta que la zona se sienta liberada y despejada. Si lo desea, más adelante puede hacer girar los chakras de modo que la energía que sale por la parte superior del chakra se dirige hacia la izquierda (un giro en el sentido de las agujas del reloj, visto desde fuera). Mientras la energía fluya o gire en espiral alejándose del cuerpo, usted se encontrará en un nivel emocional o espiritual refinado. Pero si la energía vuelve al cuerpo en su flujo en espiral puede provocarle sentimientos negativos o deprimentes. En algunos casos puede interesarle hacer girar la energía de la parte superior del chakra hacia el lado derecho del cuerpo (en el sentido contrario a las agujas del reloj, visto desde fuera), lo que le pondrá en contacto con las vibraciones mentales o mentales altas siempre que la energía irradie alejándose del cuerpo (si vuelve al cuerpo en su flujo en espiral también le provocará actitudes depresivas y percepciones negativas).

Experimente con el flujo de sus chakras. Al principio le resultará difícil ser consciente del sentido de giro, pero con la práctica desarrollará una mayor conciencia y un mayor control sobre su vida.

La postura

Las personas suelen sentarse o estar de pie de manera que bloquean el buen flujo de los chakras. Por ejemplo, usted puede tener problemas con su presencia YO SOY y a la hora de sentirse satisfecho de sí mismo; en ese caso, es posible que esté dejando caer los hombros o encorvando el cuerpo, cerrando el nivel tercero del cuerpo del nivel del alma, o que esté tensando los codos y las rodillas, bloqueando estos sentimientos. Otra posibilidad es la de que usted esté curvando su pecho hacia dentro, para bloquear los diversos chakras del esternón y comprometiendo así su voluntad de vivir (quinto nivel del cuerpo físico). Vigile su postura. Si siente que está bloqueando chakras con su manera de moverse, trabaje con esos chakras concretos para descubrir cuáles son los pensamientos o sentimientos que contienen; esto puede arrojarle mucha luz sobre su actitud con respecto a sí mismo.

La conciencia

La conciencia de los cambios de postura, de los dolores, de las molestias o de las tensiones, puede indicarle que algo marcha mal en relación con la pauta de energía en algún lugar del cuerpo. Siempre son los chakras de las zonas correspondientes los que se verán afectados. Nosotros mismos podemos cerrarlos subconscientemente por el miedo, por huir de las cosas o por retraernos. Al hacerlo, recogemos la energía hacia el interior del cuerpo, lo que nos provoca pesadez, depresiones o bloqueos musculares.

Cuando nos sentimos ligeros y alegres, la energía fluye hacia fuera, irradiando de nuestros cuerpos y abriendo nuestros chakras. En los momentos especialmente alegres, felices y optimistas, la energía de las zonas bloqueadas tiende a liberarse; así, es posible que algunos días después usted se encuentre deprimido, abatido y necesitado de tratar la energía liberada. Pero si usted sigue adelante con ella, trabaja con ella y permite que continúe la limpieza, no tardará mucho tiempo en sentirse de nuevo muy, muy bien.

Recomendaciones

Yo recomiendo desarrollar el quinto ojo antes de trabajar con el tercer ojo, pues cualquier cosa que pueda hacer el tercer ojo la puede hacer mucho mejor el quinto ojo. El peligro de trabajar intensamente con el tercer ojo es que está tan conectado con el ego que puede fomentar el orgullo espiritual. El quinto ojo ayuda a desarrollar el cuadro general, más allá del cuadro individual. También recomiendo desarrollar en primer lugar el chakra de la «voluntad de vivir» del corazón, para potenciar la fuerza del corazón. El desarrollo del chakra compasivo del corazón en primer lugar puede llevar a dar demasiado de un chakra del corazón antes de que se haya formado desde dentro la fuerza y antes de haber aprendido a canalizar la energía a través suyo.

Chakras anteriores y chakras posteriores

En este libro estudiamos principalmente la apertura frontal de los chakras de la columna vertebral, más que su apertura

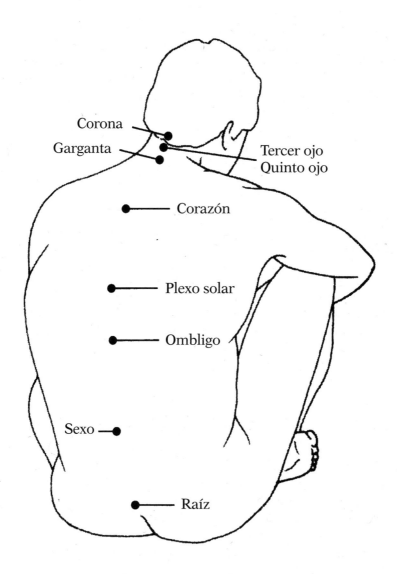

Aperturas de los chakras en la columna vertebral.

posterior. Si no se limpian y se vitalizan las zonas anteriores, la energía de la columna vertebral quedará bloqueada; cuando se abren los chakras anteriores, se abren automáticamente los nadis o conexiones entre los chakras anteriores y las aberturas de la columna. Además, el trabajo con las aberturas de la columna puede fomentar un interés excesivo por fenómenos que son dañinos para el desarrollo de la persona; interesantes, quizás, pero no de primera importancia para el desarrollo.

Abrir la energía corporal

Póngase de pie en el centro de la habitación. Tenga la sensación de que la energía sale de su cuerpo y llena toda la habitación, hasta los rincones. Éste es un método para liberar energía y para equilibrar los chakras (incluso los que no se describen en este libro). Esta práctica refuerza su aura. Usted puede detener las energías de otras personas, y advertir más tarde, en el borde exterior de su aura, los sentimientos o los pensamientos de los demás, en vez de permitir que la energía entre en usted y afecte a su cuerpo. Además, al reforzarse su aura, sus energías salientes se templan y se modifican por la energía general del aura y no afectarán tan notablemente a los demás.

Enviar y recibir energía

Los chakras son estaciones transmisoras y receptoras de energía. Transmitimos energía, convirtiéndola en mensajes o en sentimientos hacia las demás personas. Pero estamos recibiendo constantemente de los demás, algunas veces de manera subliminal o subconsciente, y en otras ocasiones en un estado muy consciente. Con mucha frecuencia, la energía de los demás es una intrusión en nuestras propias pautas de energía, y puede hacernos creer que tenemos que solucionar ciertos estados de ánimo, pensamientos o sentimientos que, en realidad, no son nuestros; o puede suceder también que las energías intrusas simplemente nos retrasen. También podemos creer que padecemos una enfermedad, un dolor o una tensión.

El ejercicio

El ejercicio es muy importante para ayudar a igualar el movimiento de energía a través del cuerpo. Muchos problemas se solucionan solos con simples ejercicios físicos. El yoga es un ejercicio especialmente adecuado para mantener los chakras en mejor estado. La danza libre también puede ser útil; al bailar, subrayamos diversos movimientos de nuestro cuerpo, liberando la energía bloqueada. El descanso también es muy importante, pues permite al sistema equilibrar las energías y realizar sus propios ajustes; con frecuencia, el simple hecho de dejar el cuerpo en paz durante un rato, dejándolo descansar, sirve de mucho para curarse a uno mismo y para liberar las zonas bloqueadas.

Abrir y desarrollar los chakras de los siete cuerpos

A continuación se presenta una serie de ejercicios de meditación que sirven para abrir y desarrollar los chakras que describimos en el capítulo 7. Pueden practicarse a solas o con otras personas.

Si existe dolor en la zona de un chakra determinado, no le aplique masaje; limítese a enviarle energía, mentalmente o desde la punta de los dedos, deshaciendo la formación de energía que produce el dolor. El cuerpo envía una comunicación sutil. En contacto con ella, usted sentirá lo que debe hacer y lo que no debe hacer. Pero, incluso cuando usted está a la escucha, si su cuerpo recurre al dolor y si usted no trata esa zona, la energía puede provocar enfermedades o malestares. Si la energía está demasiado coagulada, demasiado bloqueada o demasiado estreñida, usted puede atraerse sobre sí mismo accidentes que la liberan. Puede producirse mucho agotamiento y dolor en los chakras físicos. Su cuerpo tiene un poderoso sentido de la autocuración; si cuenta con el tiempo y con los medios necesarios, saldrá adelante. Las energías astrológicas, el régimen alimenticio, el exceso de trabajo o la falta de atención general a su cuerpo también influyen sobre su bienestar físico.

Los cuerpos son máquinas vivas. Como cualquier máquina viva, tienen manivelas que accionar y botones que presionar. Los chakras son los botones y las manivelas de la máquina humana. Nuestra manera de vivir y de relacionarnos con la vida está muy afectada por el flujo de los chakras. Por la liberación de la energía que producen estos ejercicios, usted llegará a conocer la verdadera importancia de los chakras en su vida, y comprenderá al mismo tiempo cómo se bloquea a sí mismo ante la vida y ante la conciencia, cómo potencia el presente o cómo, sólo por el flujo de los chakras, se abre a sí mismo a cosas nuevas. Cuando vaya sintonizando con los chakras, deje que su conciencia esté con ellos, y deje que la energía o la conciencia del chakra le responda.

El cuerpo físico

1.   *Cuerpo físico-nivel físico: talones.*

Póngase de pie en una zona donde tenga bastante sitio para caminar de un lado a otro. Sienta energía en los talones. Empiece por respirar a través de las manos, a través de los pies y a través de la parte superior de la cabeza. Sea muy consciente de los talones. Siga caminando de un lado a otro, sintiendo energía en los pies. Camine firmemente con los talones, afirmándose a sí mismo. Sienta el flujo de la energía. Muchas personas detienen la energía en los tobillos, lo que les provoca problemas en los pies. Si lo desea, siéntese o acuéstese, y entre en un estado de meditación; deje que le llegue información sobre sus talones: su autoafirmación, su disposición a dejar huella en el mundo.

Cuerpo físico-nivel físico: borde inferior de las manos.

Muchas personas no ofrecen toda la mano al saludar. Extienden tímidamente los dedos, sin fuerza en las manos. ¿Da usted la mano con los dedos? ¿U ofrece toda la mano, de modo que el borde inferior de su mano toca la mano de la otra persona? Sea consciente de esa parte de la mano, y de la medida en que es capaz de utilizarla. Si realiza este ejercicio con otras personas, dénse la mano por turnos. ¿Qué se siente al dar un apretón de manos completo?

2.   Cuerpo físico-nivel emocional: bazo.

Relaje el bazo. Pregúntele si todavía mantiene alguna ira de su infancia; si encuentra alguna, extiéndala por todo su cuerpo, difundiéndola (y difuminándola); así es más fácil manejarla y aprender de ella. Mientras la ira se mueve de un lado a otro por su cuerpo, conviértala en fuerza y en comprensión.

El bazo funciona en parte como válvula de seguridad para dar salida a las emociones sobrecargadas. Dirija su conciencia sobre la zona del bazo, y pregunte sobre la existencia de cualquier sobrecarga emocional; si encuentra alguna, trabaje por conseguir una comprensión sana y por liberar las situaciones. Cuando usted no sea capaz de solucionarlas por sí mismo, solicite la ayuda de un terapeuta.

3.   Cuerpo físico-nivel mental: parte superior de los hombros (en la región en forma de «V» entre la parte superior de las clavículas) y en la parte de la pelvis sobre la que nos sentamos.

Este nivel está relacionado con las actitudes mentales que usted alberga con respecto a su cuerpo. Aplique un masaje sobre la parte superior de los hombros; deje que se relajen a fondo. Pregunte a los chakras si existe algún agotamiento o dolor del pasado que usted haya bloqueado. A veces podemos estar cansados por dolores antiguos. Si lo encuentra, libere la energía a través de su sistema y reconozca su existencia. Mientras deja que se marche, convierta el cansancio o la energía del dolor físico en fuerza. Si usted se siente como el plomo y se mueve con dificultad, ello puede deberse a estos chakras. Puede dejar salir fluyendo la energía de una manera muy positiva y muy hermosa y sentirse a gusto con su cuerpo físico.

4. *Cuerpo físico-nivel intuitivo/compasivo: ligeramente por debajo de los pómulos y cerca del maxilar.*

Aplique un buen masaje sobre estas zonas; si quiere despertarlas más, envíe energía a los chakras. Sintonice con los chakras y pregúnteles lo que quieren decirle acerca de su cuerpo. Puede sentir que todo su cuerpo se relaja.

5. *Cuerpo físico-nivel de la voluntad/espíritu: entre los pechos y el esternón.*

Pregunte en qué aspectos de la vida está poniendo verdaderamente el corazón: ¿dónde tiene la voluntad de vivir? Pregunte después si le falta la voluntad de vivir, o dónde se está retrayendo.

6. *Cuerpo físico-nivel del alma: glándulas suprarrenales, sobre los riñones, en la espalda.*

Podríamos llamarlos «chakras de la lucha o la huida», pues nos dan, en los momentos adecuados, la energía necesaria para luchar o para huir. Están relacionados con la autoconservación y con la curación. Es posible reprimir en ellos tanta ira (deprimiendo, literalmente, las energías), que la adrenalina ya no es capaz de fluir; naturalmente, esto puede conducir a la depresión. Hable a sus glándulas suprarrenales; pregúnteles en qué aspectos debe luchar un poco más y en cuáles debe aflojar. A continuación, pregunte qué enfermedad se le produce por reprimir sus energías en esa zona.

7. *Cuerpo físico-nivel divino: chakra de la raíz, en la rabadilla.*

Este nivel puede aportar una sensación de seguridad. Pregunte al chakra qué es lo que contribuye a su seguridad y qué es lo que le da una sensación de inseguridad y debe ser eliminado. Este nivel puede limpiar también sus energías de nivel inferior. Finalice el ejercicio de los chakras del cuerpo físico estirándose por completo. También puede optar por escuchar música o por bailar mientras oye música, como medio para vitalizar la energía y para ayudarla a fluir. Envíe a su cuerpo amor y aprecio.

Cuerpo emocional

1. *Cuerpo emocional-nivel físico: estómago.*

Este chakra está relacionado con su capacidad de soportar (tragar) las cosas, o de digerir lo que le sucede, no sólo al nivel físico, sino en cuanto a las emociones. Aplique un masaje ligero a su estómago; relájelo. Entre en contacto con su estómago y pregúntele qué emociones debe digerir mejor.

2. *Cuerpo emocional-nivel emocional: el ombligo.*

Éste es el centro principal de sus emociones y de sus sentimientos. Cuando sintonice con este chakra, pregunte qué sentimientos positivos y hermosos debería usted manifestar con mayor frecuencia. Después, pregunte al chakra qué sentimientos negativos o explosivos están almacenados allí.

3. *Cuerpo emocional-mental: en la parte baja de la columna vertebral, sobre el chakra de la raíz.*

Este chakra está relacionado con sus actitudes acerca de sus sentimientos. ¿Es usted demasiado serio? ¿Tiene sentido del humor? Aplique un masaje al chakra y pregúntele en qué aspectos de su vida se toma a sí mismo demasiado en serio; pregunte también qué cosas debe tomar más en serio.

4. *Cuerpo emocional-nivel intuitivo/compasivo: en el apéndice xifoides, en la punta del esternón.*

En su sentido más profundo, este chakra está relacionado con la orientación interior: la vocecilla callada que tenemos dentro. En su sentido más negativo, puede estar relacionado con los sentimientos de culpa y con las restricciones impuestas por los demás. Aplíquele un suave masaje. Pregunte si tiene sentimientos de culpa que le hayan implantado los demás. Profundice más; pregunte qué sentimientos de culpa ha oído a su propia vocecilla callada. Medite y trabaje con los que encuentre. Esta zona también está relacionada con la profundidad y con un sentimiento profundo de quién es usted y de cómo ha de desarrollarse; es como la semilla del yo. Pregunte a este chakra cómo puede ser más fiel a su yo.

5.   *Cuerpo emocional-nivel de la voluntad/espíritu: en la columna vertebral, bajo la cintura.*

Este chakra representa una voluntad emocional que aporta fuerza a nuestros sentimientos. Mal utilizado, se invierte y nos hace demasiado emotivos. Aplique un masaje sobre la zona y pregunte en qué aspectos debe recibir más fuerza positiva de sus sentimientos, y en qué aspectos resulta demasiado emotivo.

6.   *Cuerpo emocional-nivel del alma: chakras a ambos lados del chakra compasivo del corazón.*

El chakra de la izquierda está relacionado con sus sentimientos sobre el amor. ¿Se siente usted a gusto con ellos? ¿Lo hace feliz el hecho de amar, o se siente culpable por amar? El chakra de la derecha se relaciona con las actitudes mentales: «Yo debería amar a esta persona», o «Yo no debería amar a esta persona», y con el sentimiento de tener derecho a amar. Si su chakra compasivo del corazón fluye y está abierto, usted sabrá que los chakras compañeros de éste están despejados.

Estos chakras imponen condiciones a su amor. Aplíqueles un masaje a ambos; deje fluir la energía. Pregunte al de la izquierda en qué modo impone condiciones a su amor; pregunte después al de la derecha dónde pone condiciones a su amor. Sienta su apertura. Deje que se relaje el chakra compasivo del corazón, situado entre ambos (ver el chakra siguiente).

7. *Cuerpo emocional-nivel divino: en el centro de la parte superior del tórax.*

Aplique un masaje sobre esta zona; deje que se abra. Piense que sus chakras compañeros están relajados y abiertos. ¿Se siente lo bastante seguro dentro de sí mismo como para dejar fluir energía desde allí en un amor sin condiciones a los demás? Esto no quiere decir que tengan que gustarle los pensamientos o los actos de los demás, o que tenga que aprobarlos; sólo quiere decir que puede amar sin condiciones. Pregunte al chakra a quién ama usted sin condiciones y a quién no.

Cuerpo mental

1. *Cuerpo mental-nivel físico: parte baja de la garganta, sobre la herradura.*

Este chakra es muy importante, pues está relacionado con la aceptación de lo que existe y con la organización de modos para trabajar con ello. Puede liberar mucha fuerza. Aceptar lo que existe no quiere decir que tenga que gustarle o que tenga que aguantarlo; quiere decir, más bien, que usted reconoce y acepta que algo es como es; con ello adquiere el poder de organizarse y de hacer algo al respecto.

Respire profunda y tranquilamente. Ábrase a sí mismo en este chakra, tanto como pueda. Pregunte cuáles son los dos aspectos de su vida que más necesita aceptar y trabajar. Pida también ideas sobre cómo conseguirlo. Pregunte por dos aspectos en los que lo esté haciendo muy bien y de los que puede dejar de preocuparse.

2. *Cuerpo mental-nivel emocional: en las sienes.*

Esta zona está relacionada con sus sentimientos acerca de lo que ve. Usted puede llegar a tensarse y a distorsionar su visión para no ver más que lo que quiere ver, o lo que cree que puede controlar. Aplique un masaje sobre las sienes. Deje fluir la ener-

gía y pregunte a la conciencia de las sienes lo que tiene bloqueado porque usted no desea verlo. Pregunte lo que puede hacer
para ver las cosas con mayor claridad y profundidad.

3. *Cuerpo mental-nivel mental: tercer ojo, entre las cejas.*

Este ojo está relacionado con el ego y carga de energía, un
sentido del yo humano. Pregunte a este ojo en qué aspecto de su
vida permite usted que un exceso de ego nuble su visión. Pregunte también en qué aspectos lo está haciendo bien.

4. *Cuerpo mental-nivel intuitivo/compasivo: en el centro del colon transverso, hacia el punto medio entre el ombligo y el chakra del plexo solar.*

Este chakra está relacionado con la comprensión de sus
pensamientos. ¿Cree usted que mantiene las actitudes correctas
en la vida? Éste puede ser otro chakra problemático; la presencia de formaciones de pensamiento no integradas o de ideas no
asimiladas puede producir un estreñimiento. Envíe alguna energía al chakra para abrirlo, y solicite conocer tres aspectos de la
vida en los que debe ser más compasivo con sus propios pensamientos e ideas.

5. *Cuerpo mental-nivel de la voluntad/espíritu: en la parte superior de la garganta, bajo la barbilla, bajo la raíz de la lengua.*

Este chakra está relacionado con la manifestación de los
pensamientos y con el habla; bloqueado, puede provocar una
falta de confianza en la capacidad mental, atragantarse con las
palabras, irritación de garganta, pérdida de claridad o de libertad en el habla. Aplique un masaje sobre el chakra. ¿Qué aspectos de la vida le resultan difíciles de comentar? ¿Qué aspectos
están abiertos?

6. *Cuerpo mental-nivel del alma: quinto ojo (centro de la frente).*

El nivel del alma del cuerpo mental activa la mente superior y le permite ver el cuadro general. Sin una apertura suficiente de este chakra, ni siquiera comprenderá que existen campos de conocimiento que usted no conoce. Cuando este chakra está cerrado, usted puede sentir que lo sabe todo, estando en realidad muy inconsciente de todo. Aplique un masaje sobre el quinto ojo. Deje salir fluyendo la energía. Pregunte en qué aspectos está actuando bien para ampliar su comprensión del cuadro general y dónde se está retrayendo.

7. *Cuerpo mental-nivel divino: séptimo ojo (a unos 2-2,5 cm. por encima del límite normal del cabello, o a unos 2,5-3 cm. del sexto ojo).*

Moviendo ligeramente el dedo sobre esta zona, podrá sentir el chakra. Aplíquele un masaje y solicite ver una luz blanca del nivel espiritual. Si le llega, por el contrario, una luz turbia u oscura, sabrá que tiene que desarrollar más este chakra o seguir practicando su limpieza. Aunque no vea la luz, todavía podrá ser consciente de su llegada al sistema. Deje bajar la luz blanca del séptimo ojo (tanto si la ve como si sólo la siente) y déjela salir por el tercer ojo para limpiar y elevar el ego; después, sienta todas estas energías por todo su cuerpo.

Cuerpo intuitivo/compasivo

1. *Cuerpo intuitivo/compasivo-nivel físico: en el hígado, situado en la parte derecha del cuerpo, en parte bajo las costillas y en parte por debajo de ellas.*

Este chakra está relacionado con actuar basándonos en lo que creemos que es espiritualmente correcto para nosotros. Aplique un masaje suave sobre la zona. Si existe dolor en ésta, no aplique el masaje; limítese a liberar energía. Después, pida conocer una ocasión en la que usted obrara basándose en lo que creía que era espiritualmente correcto para usted. ¿Cómo se sintió? A continuación, pida recordar algunos casos en los que se sintiera falto de «hígado» (valor) y no siguió adelante.

2. *Cuerpo intuitivo/compasivo-nivel emocional: Punto medio de los bordes exteriores de las pantorrillas y de la mitad superior de los brazos.*

Estos chakras están asociados con las relaciones con las demás personas. Relaje la mitad superior de los brazos y aplique un masaje sobre los chakras. Relaje las pantorrillas y aplique un masaje sobre los chakras de éstas. Visualice a las diversas personas con las que mantiene relaciones personales. Cuando piensa en cada una de ellas, ¿quieren abrirse los chakras, o cerrarse? Teniendo en cuenta que en la Nueva Era estamos destinados a ser amigos más íntimos y más profundos de muchas personas, es importante que seamos capaces de relajar estos chakras. Practíquelo cuando esté con personas en cuya compañía suela usted estrechar estos chakras.

3. *Cuerpo intuitivo/compasivo-nivel mental: Parte inferior del esternón, inmediatamente por encima del apéndice xifoides.*

Este chakra está muy relacionado con el hecho de que sigamos el flujo de la vida, rechacemos la vida o nos volvamos demasiado apegados. Cuando se retuerce la energía de este chakra, puede darnos una lengua demasiado cínica o mordaz, y hacer que, en general, sea difícil llevarse bien con nosotros. Puede existir humor, pero éste suele ser tan mordaz que los demás se sienten destrozados por él. Aplique un masaje sobre el chakra; déjelo fluir. Pregunte en qué tiene usted demasiado apego y en qué tiene demasiado rechazo. Después, solicite saber qué es lo que está haciendo bien.

4. Cuerpo intuitivo/compasivo-nivel intuitivo/compasivo: entre los pechos, a mitad de camino entre la herradura y los chakras.

Cuando este chakra está demasiado abierto, usted puede sentirse demasiado compasivo, que se está agotando a sí mismo. También es posible cerrar este chakra y volverse duro de corazón. Recuerde: éste es el mismo chakra que el del nivel divino del cuerpo emocional; es increíblemente importante. A través de él sentimos el amor y la compasión incondicionales; nuestras intuiciones funcionan a un nivel elevado, levantando nuestra vida hasta un nivel mucho más espiritual. Aplique un masaje sobre el chakra. ¿Se siente tenso, o demasiado abierto? Deje fluir la energía y pregunte al chakra en qué situaciones es usted demasiado compasivo, y en cuáles es demasiado duro de corazón.

5. Cuerpo intuitivo/compasivo-nivel de la voluntad/espíritu: a ambos lados de la nariz.

Éstos son los chakras de la fuerza. A veces los llamo «chakras de los indios americanos», porque están relacionados con la combinación de la fuerza del cielo y de la fuerza de la tierra, para traer valor y comprensión a nuestras vidas diarias. Aplíqueles un masaje. Quizás desee preguntarles si usted ha tenido una vida anterior como indio americano en la que estos chakras estuvieron muy abiertos y se utilizaron bien. Pregunte a continuación en qué situaciones de esta vida necesita una mayor apertura de estos chakras. ¿Cuándo los bloquea?

6. Cuerpo intuitivo/compasivo-nivel del alma: pupilas.

Es a través de estos chakras cómo usted puede asomarse mejor al alma de otra persona, y cómo los demás pueden asomarse a la de usted. Si está solo, puede mirarse en un espejo; compruebe con cuánta profundidad puede asomarse a su interior. Si está con otras personas, mírelas profundamente a los ojos y permita que ellas lo miren profundamente a usted. ¿Se siente violento o incómodo, como si lo estuvieran desnudando por completo? A muchas personas les resulta difícil abrirse plenamente a este nivel. Para facilitar este ejercicio, puede optar por mirar con delicadeza. El hecho de guardarse energía puede darle fuerzas para profundizar más.

7. *Cuerpo intuitivo/compasivo-nivel divino: bulbo raquídeo, parte inferior posterior de la cabeza, en la base del cráneo.*

La apertura de este chakra estimula la comprensión divina y eleva la conciencia hasta ser unos con Dios. El aspecto negativo de este chakra es que podemos dejarnos atrapar casi exclusivamente por una conciencia de la vida mundana. Aplique un masaje al chakra. ¿En qué aspectos de su vida advierte con mayor claridad un plan divino y siente verdaderamente una unidad con Dios? Puede sentir la conciencia de una beatitud tranquila. Después, pregunte al chakra dónde está bloqueando usted el destino; esto puede provocar a veces una respuesta del tipo «vaya, vaya».

Cuerpo de la voluntad/espíritu

1. *Cuerpo de la voluntad/espíritu-nivel físico: palmas de las manos y plantas de los pies.*

La energía que procede de aquí ayuda a la persona a relacionarse con el mundo exterior. Estos son algunos de los puntos más poderosos donde se encuentra la energía curativa. Aplique un masaje sobre las manos y los pies. Deje que salga fluyendo la energía de cada uno de los chakras. ¿Dónde parece más bloqueada? Camine durante algunos momentos (mejor descalzo), sintiendo cómo se conecta la energía con el suelo o con la tierra. Sea consciente de cómo reacciona el resto de su cuerpo; normalmente existe una sensación de cargarse de energía. Después puede venirle bien sentarse y abrir más la energía en sus manos. Extienda las manos a una distancia de entre diez y veinte centímetros de su cuerpo; luego, muévalas sobre su cuerpo y sienta cómo la energía de las palmas de sus manos relaja y cura su cuerpo. Puede notar más energía si sostiene la palma derecha sobre el lado izquierdo del cuerpo, y, después, la mano izquierda sobre el lado derecho del cuerpo; esto aporta una polaridad extraordinaria y puede aumentar la energía.

2.   *Cuerpo de la voluntad/espíritu-nivel emocional: corvas y parte interior de los codos.*

Muchas personas tienen reparos emocionales (miedo, sensación de inconveniencia) a la hora de utilizar el poderoso cuerpo de la voluntad/espíritu. Entre en un estado de meditación y apliquese un masaje en las corvas y en la parte interior de los codos. ¿Qué le asusta o le hace sentirse inquieto? Visualícese a sí mismo en tales situaciones, saliendo adelante bien y con la energía fluyendo hacia afuera de una manera hermosa y saludable.

3.   *Cuerpo de la voluntad/espíritu-nivel mental: axilas y parte en que las piernas se unen al frente del cuerpo.*

Aplique masaje sobre estos chakras. Cuide de no aplicar con demasiada fuerza el masaje sobre alguna glándula linfática que pudiera tener inflamada (la mayoría de las personas tienen demasiadas cosquillas en las axilas como para que el masaje llegue a tanta profundidad). Deje fluir la energía. Sienta la fuerza de su cuerpo, un sentimiento de poder y de espíritu, mientras fluye por todo su cuerpo cuando se abren estas zonas. Puede caminar durante algunos momentos, sintiendo cómo se abren y fluyen estos chakras. Después, entre en un estado de meditación y visualícese a sí mismo aprovechando estos puntos de fuerza para que le ayuden en su vida diaria.

4.   *Cuerpo de la voluntad/espíritu-nivel intuitivo/compasivo: hacia una pulgada (2,5 cm.) por debajo de la ingle.*

Vea el séptimo nivel de este cuerpo, del que es compañero este chakra.

5. Cuerpo de la voluntad/espíritu-nivel de la voluntad/espíritu: chakra de fuerza del sexo, el segundo chakra por debajo del ombligo.

Éste es el más intenso de los chakras del sexo, y no sólo está relacionado con la sexualidad, sino también con la energía sexual en su conversión en fuerza. Muchas personas bloquean este chakra sin darse cuenta. Entre en un estado de meditación y aplique masaje. Sea tan sincero consigo mismo como pueda. ¿Le gusta controlar a los demás? ¿Le parece que lo hace así? En tal caso, ¿es de una manera sana, o malsana? ¿Le gusta controlar a los demás con las energías sexuales de usted? ¿Cuándo ha dejado a otras personas que lo controlen a usted con las de ellos? Después de finalizada la meditación, sienta las energías tranquilas, hermosas y fuertes que vienen del chakra, y desarrolle una conciencia de cómo afectan al resto de su vida.

6. Cuerpo de la voluntad/espíritu-nivel del alma: detrás del chakra de la corona, en la parte superior de la cabeza.

Una depresión en la parte superior de la cabeza puede indicar que su glándula pineal está funcionando muy bien. Algunas veces este chakra está abierto como un plato pequeño. Contribuye a la comunicación con las dimensiones superiores y ayuda a obtener los estados de beatitud. Aplique un masaje sobre el chakra; deje que fluya la energía. Con respiraciones profundas y tranquilas, adquiera la sensación de flotar en su cuerpo y después solicite abrirse al estado de beatitud. Esto puede requerir algo de práctica por su parte. Al terminar la meditación, vuelva a llevar la energía a su cuerpo y deje que todo el cuerpo sienta un estado de beatitud. Estírese muy bien para conectar entre sí todas sus energías (la beatitud puede ser agradable, pero a veces es un punto de partida difícil para trabajar). Dada la potencia de este ejercicio, no lo mantenga durante más de unos pocos minutos al principio.

7. *Cuerpo de la voluntad/espíritu-nivel divino: a cuatro dedos por encima del chakra de la corona.*

En este chakra, menor que el chakra de la corona, es donde se combinan las energías humanas y espirituales. En una postura muy cómoda (mejor tumbado), sea consciente de la zona por encima de su cabeza y de la zona por debajo de la ingle (el chakra de cuarto nivel de este cuerpo). Deje que salgan en espiral las energías de estos chakras. Experimente con el sentido de las espirales. Cuando las energías hayan fluido durante algunos momentos, entre en un estado tranquilo de meditación. Solicite estar conectado con la energía del cosmos. No permanezca más que algunos minutos en este ejercicio al principio, pues puede ser muy potente. Cuando haya completado su meditación, estírese bien.

Cuerpo del alma

1. *Cuerpo del alma-nivel físico: cuatro chakras; en el empeine de cada pie, y en las muñecas, bajo los pulgares.*

Estos chakras están relacionados con la acción de su presencia YO SOY. Contribuyen a aportar conciencia a sus manos y a sus pies, para que usted pueda ser más consciente de sus actos. Así puede caminar con pasos más firmes, inspirando sus actos en su nivel del alma. (Me gusta una oración dirigida a que este nivel nos aporte fuerza, conciencia y orientación: solicite que venga el alma y trabaje en su cuerpo a través de su personalidad.) Aplique masaje sobre estos chakras; pregunte qué situaciones parecen bloquearlos a ellos y a su presencia YO SOY. ¿Qué situaciones facilitan su apertura?

2. *Cuerpo del alma-nivel emocional: sobre las rodillas, en la parte interior de las piernas, y justo por encima de los hombros, en la parte interior de los brazos.*

Estos chakras están relacionados con sus sentimientos con respecto a su presencia YO SOY o nivel del alma. Cuando están bloqueados, usted tiende a contraer más los brazos hacia el cuerpo, y en general tendrá débiles las rodillas. Aplique masaje sobre estas zonas. Deje fluir la energía a través suyo y solicite que la fuerza de su energía del alma refine y limpie sus emociones. Pregunte qué es lo que le hace cerrar estos chakras y qué es lo que le ayuda a abrirlos.

3.   *Cuerpo del alma-nivel mental: parte frontal de la unión de las piernas con el cuerpo, en el interior de la curva, y borde frontal de las axilas.*

Estos chakras YO SOY le permiten abrirse a la parte más trascendental de la vida y a las cosas que normalmente van más allá de la vida diaria. Aportan energía para explorar y percibir nuevas maneras de ser. Aplique masaje sobre los chakras. Pregúnteles qué aspectos de la vida podría explorar usted más a fondo y qué es lo que está haciendo bien en este sentido.

4.   *Cuerpo del alma-nivel intuitivo/compasivo: parte frontal de las gónadas (los ovarios o los testículos).*

La energía de estos chakras le ayuda a sentir y a comprender su identidad de polaridad (masculinidad o feminidad). Su finalidad es importante, pues una buena parte de la vida está basada en la interacción entre polaridades. Cuando nos abrimos a nuestras polaridades, funcionamos mejor. Aprecie su identidad de polaridad. Deje fluir la energía de los ovarios o de los testículos. Puede sentir ciertas sensaciones sexuales, pero no importa. Las personas deben estar tan relajadas con respecto a su sexualidad y aceptarla tanto como aceptan sus sentimientos, sus pensamientos y sus energías espirituales. Nuestra incapacidad para aceptar la energía de polaridad y para trabajar con ella nos retrae en muchos terrenos. ¿En cuáles retrae usted la suya? ¿Siente usted que no es lo bastante masculino o femenino? ¿En qué aspectos está utilizando bien estas energías?

5. *Cuerpo del alma-nivel de la voluntad/espíritu: costillas inferiores.*

Estos chakras son compañeros del apéndice xifoides, relacionados con nuestro papel en el mundo y sobre todo con nuestra fuerza de voluntad para tomar el aliento de la vida, para poseer el derecho a existir, para manifestarnos por la respiración y para conseguir lo que deseamos en la vida. Abra sus pulmones. Déles espacio y respire de verdad. Aplique masaje sobre estos chakras y reciba la sensación de que todo su pecho sale de ellos, de que tiene el derecho a respirar. Después, pregunte a la conciencia de estos chakras cuándo los bloquea y cuándo los abre.

6. *Cuerpo del alma-nivel del alma: en la parte lateral del cuello en la curva que forma al unirse al cuerpo.*

Estos chakras están relacionados poderosamente con la propia dignidad, y son muy poderosos. El hecho de cerrarlos puede producir tensión o cerrazón en una actitud de orgullo. El miedo a dejar salir su presencia YO SOY puede hacerle encoger la cabeza como una tortuga; dicho acto afecta a estos chakras. Deje abrirse los chakras y pregúntese a sí mismo en qué aspectos debe relajarse para facilitar su capacidad de dejar salir su presencia YO SOY. Pregunte en qué situaciones tiende usted a bloquear este flujo o a abrirlo.

7. *Cuerpo del alma-nivel divino: sobre las orejas, a los lados de la cabeza tras las sienes.*

Estos chakras están relacionados con el acto de sentirnos como unidad de la conciencia de Dios conectada con el universo. Bloqueados o no funcionando, pueden hacernos sentirnos aislados, solos y con miedo a la vida. Algunas enfermedades mentales afectan a estos chakras. Apliqueles un masaje; deje fluir la energía. Déjese elevar y siéntase uno con Dios, una unidad de la energía y de la conciencia de Dios. Usted es una unidad individual de conciencia, una parte individual de la unidad. Sea consciente de la energía y extiéndala por todo su cuerpo;

después, pregunte qué situaciones le ayudan a sentir esta energía y cuáles la bloquean.

Cuerpo divino

1. *Cuerpo divino-nivel físico: veinte situaciones, en las puntas de los dedos de las manos y de los pies.*

La energía de estos chakras se puede utilizar para curar y pueden servir de pequeñas antenas para detectar cuándo se tiene algo delante. Aplique masaje sobre sus dedos de las manos y de los pies para fomentar el flujo de energía a través de los chakras. Respire de manera profunda y tranquila, y siéntase más conectado con la energía que lo rodea. ¿De qué maneras incrementan su conciencia estos chakras que fluyen?

2. *Cuerpo divino-nivel emocional: en el centro de la parte posterior de la cabeza.*

La persona que se encuentra en estado de oración canaliza más energía hacia el exterior por este chakra que por el chakra de la corona. Las reverencias ante otras personas (una energía de respeto) también abren este chakra; por ello, incline la cabeza y deje salir fluyendo las energías del chakra de la devoción. ¿Se siente usted cómodo al hacer esto? Algunas personas descubren que tienen este chakra demasiado abierto y que quizás se estén dedicando a los demás o a una causa de manera desequilibrada con respecto al resto de su vida. O bien pueden descubrir que está cerrado, en cuyo caso las inclinaciones de cabeza pueden resultar incómodas y les puede interesar descubrir en qué aspecto tienen cerradas las mentes. ¿Proyecta usted sus defectos sobre los demás? ¿Lo persiguen sentimientos paranoicos? Aplique un masaje sobre el chakra. Deje que salga por él un flujo tranquilo de energía y entréguese a sí mismo a su destino, a la unidad con los demás, con el cosmos y con su fuente divina. Después de practicar esta meditación durante algunos momentos, deje que la energía impregne todo su cuerpo y vuelva a erguir la cabeza.

3. *Cuerpo divino-nivel mental: parte interior de la pelvis, sobre el punto donde las piernas se unen al cuerpo, en las esquinas de la zona del vientre.*

La manifestación del agradecimiento es parte necesaria de una vida sana. Cuando los chakras del nivel mental del cuerpo divino están cerrados, pueden provocar problemas intestinales. Aplique un masaje sobre estas zonas; deje abrirse los chakras y deje fluir la energía. Pregunte por qué aspectos de la vida debe sentirse más agradecido y en cuáles tiene que abrirse más a la abundancia. Puede pasar algunos momentos simplemente sintiéndose agradecido por todo.

4. *Cuerpo divino-nivel intuitivo/compasivo: plexo solar.*

Este chakra es uno de los más importantes en los comienzos de la era de Acuario, en una época en la que tenemos tal libertad de elección. Aplique un masaje sobre el chakra del plexo solar. Diríjale su respiración y pregúntele qué es lo que usted está bloqueando. Después, solicite conocer en qué aspectos de la vida debe usted asumir mayor control y actuar más.

5. *Cuerpo divino-nivel de la voluntad/espíritu: en la base de la garganta, donde los huesos tienen forma de herradura.*

Algunas veces se exige a las personas que hagan por los demás más de lo que pueden hacer con facilidad. O bien, las personas pueden dar muestras de una necesidad excesiva de servir a los demás. Es fácil que este chakra nos haga sentirnos mártires. Apliquele un masaje suave. Deje salir fluyendo la energía y, dirigiendo su conciencia sobre el chakra, pregúntele en qué aspectos de la vida se siente mártir o abusa del servicio a los demás. Pregúntele también en qué aspectos de la vida se está retrayendo.

6. *Cuerpo divino-nivel del alma: a ambos lados del ombligo.*

Estos chakras son compañeros del ombligo. Contribuyen a unificar las energías del cuerpo, tanto con las energías divinas como con las de las demás personas. Aplique un masaje sobre los chakras; después, aplique un masaje sobre el ombligo para conseguir un flujo equilibrado. Deje que salgan fluyendo las energías. ¿En qué aspecto de la vida está usted participando en una búsqueda excesiva de la unidad con los demás, y en cuál está bloqueando una unidad con los demás? Mientras la energía sale fluyendo por estos chakras, medite sobre sus relaciones con las demás personas y con los niveles cósmicos.

7. *Cuerpo divino-nivel divino: sobre la cabeza; chakra de la corona.*

Éste es uno de los chakras más conocidos. Tiene una gran importancia en nuestro desarrollo y en nuestra conexión con los niveles superiores. Apliquese un masaje sobre el chakra de la corona. Sienta la parte superior de su cabeza. ¿Está cerrada? Ábrala y deje que salga fluyendo la energía. Mientras fluye, sienta una unidad con los demás y con su fuente divina. Adopte una actitud de meditación con este chakra y sea consciente de los cambios de energía, de las visiones o de las experiencias espirituales. Cuando este chakra está excesivamente abierto, puede sentir una gran salida de energía; en este caso es mejor bajar la energía alrededor del cuerpo y hacer que entre de nuevo toda o una parte, difundiéndola por todo el cuerpo para reforzarlo. Un flujo excesivo de salida por el chakra de la corona puede debilitar a la persona. Si el suyo está demasiado abierto, pregúntese qué circunstancias de su vida han provocado esta situación. Puede tratarse de un miedo a ser humano, o puede remontarse a momentos de ira excesiva.

Los sonidos en el movimiento de la Kundalini

El sonido es una parte muy importante de la vida. Activa pautas de energía, libera bloqueos y aumenta el flujo vital. También desempeña un papel importante en la liberación de Kundalini y en la apertura de los chakras. Las vibraciones continuadas en una frecuencia determinada provocan movimientos de las energías que tocan; así como ciertos sonidos pueden hacer añicos una copa, ciertas vibraciones activan el flujo de energía en las zonas relacionadas con la misma frecuencia.

Mantras

Indicamos a continuación algunas palabras sánscritas o mantras (formas de pensamiento) relacionadas con los chakras. Repita estos sonidos concretos entre cinco y diez veces mientras se concentra sobre el chakra correspondiente. Al principio basta con dedicar varios minutos a cada uno. Siéntese en la posición del loto o túmbese. Realice tres respiraciones completas antes de empezar. (No tiene nada de malo dedicar a unos chakras más tiempo que a otros.)

Raíz—*Lam*
Sexual—*Vam*
Ombligo—*Ram*
Corazón—*Yam*
Garganta—*Ham*
Quinto ojo—*Om*
Corona—*Aum*

Como variante para el chakra de la corona, ábrase a «todos los sonidos», o al zumbido del universo. Por si desea visualizar los mantras principales, he aquí la versión jainista de su grafía sánscrita.

Lam

Vam

Ram

Yam

Ham

Om

Bañar los chakras de beatitud

Éste es un ejercicio excelente para limpiar y vitalizar los chakras y para mover la Kundalini. Tiene tanta fuerza que puede hacer que la persona se adormezca o que pierda interés por terminar el ejercicio; por ese motivo, yo recomiendo que la primera vez sólo se utilicen dos chakras, el del ombligo y el de la corona. Añada otros chakras cuando se desarrolle su capacidad de atención. Algunas veces la propia energía puede elegir los chakras con los que desea trabajar; deje que esto suceda. Cuando termine, difunda la energía por todo el cuerpo; no la deje nunca concentrada en una sola zona.

Deje el chakra de la raíz hasta que estén activados todos los demás; trabajar con el chakra de la raíz antes de los demás plantea grandes dificultades, pues existirían demasiados bloqueos y la fuerza principal bajaría, cosa negativa para el progreso evolutivo.

Haga subir la energía desde la parte baja de la columna, y hágala salir por la abertura del chakra por el que haya decidido empezar. Si la zona se siente tensa o bloqueada, aplíquele un masaje. Visualice una llama roja que quema todas las escorias y la negatividad del chakra, limpiándolo para que el flujo de energía sea más puro. Pueden presentarse diversas sensaciones, recuerdos o pensamientos; déjelos llegar, pero no se obsesione por ellos ni les preste mayor atención. Deje que la llama roja los queme y que purifique la zona. Las energías mentales o emocionales de algunos chakras parecerán casi abrumadoras, sobre todo las de naturaleza sexual, emocional o mental inferior. No permita que se impongan. Visualice la llama roja limpiándolas.

Después de que el fuego queme las escorias y la negatividad, puede sentir que la energía empieza a girar en el sentido de las agujas del reloj (mirando el cuerpo desde fuera). Vea cómo sucede esto: el chakra está iniciando su movimiento circular. Después de haber rotado durante algunos momentos, déjelo dilatarse todo lo que pueda, sin que deje de rotar. Aunque no se presente la sensación de rotación, deje en todo caso que se dilate la energía y que se amplíe hasta alcanzar el estado de beatitud. Imagine que su aliento pasa a través del chakra.

En los comienzos, no pase más de cinco minutos en ese estado de beatitud. La energía tiene mucha fuerza, y lo más probable es que su sistema no esté acostumbrado, por muy bien que se sienta. Recuerde: si empieza a sentirse cansado, somnoliento o aburrido, deje que la energía se difunda por todo el sistema y déjelo de momento; no practique este ejercicio cuando le resulte difícil mantener el interés o mantenerse despierto.

Cuando haya terminado, deje que la energía se disperse por el universo. No vuelva a atraerla al chakra: es demasiado potente. Pase al chakra siguiente. Lo mejor es empezar por los chakras inferiores e ir subiendo. Algunas veces le parecerá natural saltarse algunos de los que se utilizan normalmente y pasar a otros. A la larga, trabaje con todos ellos tal como hemos descrito arriba. Después de trabajar con el chakra de la corona, mezcle una parte de la energía con energía espiritual y déjela derramarse como una lluvia sobre el cuerpo y entrar en las células.

Cuando todos los chakras hayan sido limpiados y vitalizados por la llama y por el estado de beatitud, trabaje con el chakra de la raíz. Después, no olvide volver a atraer la energía a la columna vertebral y hacerla subir y salir por el chakra de la corona, mezclándola con energía espiritual y dejándola derramarse sobre el cuerpo y a través de las células. Sean cuantos sean los chakras con los que trabaje, termine siempre por el chakra de la corona: usted necesita el equilibrio de la fuerza de la energía. Si trabajase con los chakras inferiores en último lugar, la energía podría quedarse atascada allí. Una concentración excesiva de energía en esta zona podría provocar problemas físicos, mentales y emocionales.

Al cabo de un tiempo puede advertir que los tres puntos focales principales de la energía (los chakras del ombligo, del corazón y del quinto ojo) siguen limpiándose por sí solos. Algunas personas pueden descubrir, en cambio, que se activa su tercer ojo (entre las cejas). Cuando se produzca la limpieza espontánea, no la obstaculice; ábrase a las energías. Si le es posible, dedique también un tiempo a la carga de beatitud, una fuerza que lo bendice y lo recarga.

Puede terminar este ejercicio difundiendo las energías en el cuerpo o llevándolas al chakra de la corona y combinándolas con las energías divinas, dejando que la combinación se derrame como una lluvia sobre su sistema.

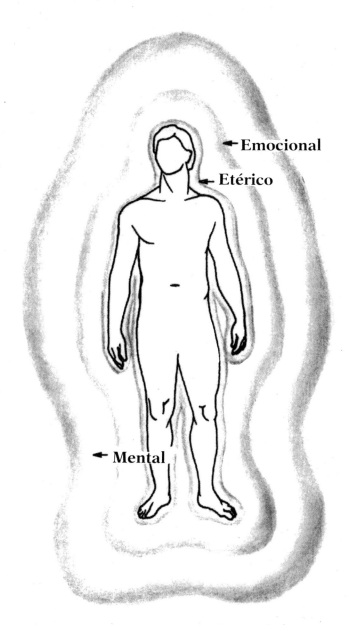

← **Emocional**

← **Etérico**

← **Mental**

Cuerpos etérico, emocional y mental.

Capítulo 9

La medida del flujo de los chakras para el análisis de la personalidad

La medida de los chakras

En este capítulo estudiaremos los efectos sobre la personalidad y sobre la conducta de las energías que fluyen o que están bloqueadas en los chakras, basándonos en los siete chakras principales y en siete chakras menos conocidos. Existen muchos chakras más, y se pueden medir para realizar un análisis más profundo; pero la personalidad general se manifiesta a través de estos catorce chakras.

La tabla 3 es una lista de los catorce chakras y de sus situaciones. Sólo se recomienda practicar la medida de los tres cuerpos inferiores (físico, emocional y mental); éstos determinan principalmente la personalidad, y por otra parte es difícil medir los cuerpos superiores, dado su tamaño, su naturaleza sutil y la dificultad de localizarlos cuando no están bien desarrollados.

La ilustración de la página 165 muestra una pauta de energías corporales regulares y fluidas. El cuerpo etérico se extiende más allá del físico; el emocional, más allá del etérico, y el mental más allá del emocional; estos cuerpos penetran en el cuerpo físico.

Puede hacer falta cierta práctica para localizar los límites exteriores del flujo de los chakras. Los ejercicios siguientes están pensados para facilitarlo:

1)   Frote las manos una con otra para producir electricidad estática y aumentar así su sensibilidad.

2)   Separe las manos todo lo que pueda, sin dejar de mantener paralelas las palmas.

3)   Acerque lentamente las palmas entre sí. Puede sentir su primera «pared» de energía a algunos centímetros, como el borde de un globo invisible; o puede experimentar un calor

TABLA 3.   MEDIDAS DE ENERGÍA EN LAS ZONAS DE LOS CHAKRAS

Chakra/zona	7	6	5	4	PS	3	B
Cuerpo etérico							
Cuerpo emocional							
Cuerpo mental							

Anteriores
7-corona
6-frente-quinto ojo
5-garganta
PS-plexo solar
3-ombligo
B-brazo
2-sexo
DP-dedos de los pies-punta del dedo gordo del pie, bajo la uña
P-pies-centro de la parte inferior

Posteriores
1-raíz
V-voluntad
EE-escotilla de escape
D-devoción

Nombre: _____
Fecha: _____

TABLA 3.   MEDIDAS DE ENERGÍA EN LAS ZONAS DE LOS CHAKRAS

Chakra/zona	2	T	DP	P	1	V	EE	D	Media
Cuerpo etérico									
Cuerpo emocional									
Cuerpo mental									

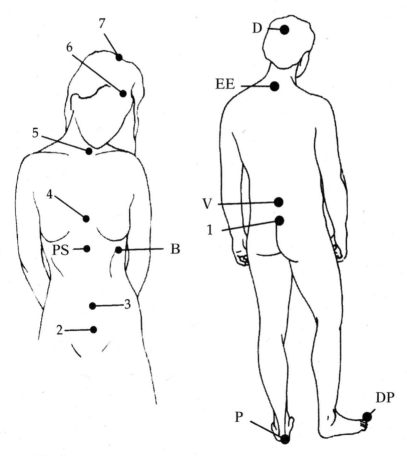

Medidas de energía en las zonas de los chakras. Vista anterior y posterior.

repentino o un cosquilleo en las palmas. Puede subirle una energía poderosa por el brazo. Allí es donde se encuentra la «pared» del cuerpo emocional en la mayoría de las personas.

Le resultará bastante fácil sentir así las energías, pues las estará sintiendo por partida doble, en cada uno de los chakras de las palmas de las manos. Cuando sea consciente de ellas, advertirá que tienen un carácter diferente para cada nivel corporal; un cuerpo tranquilo puede sentirse «suave», mientras que un cuerpo irritado y agitado puede sentirse y tener el aspecto de finas agujas plateadas, de 4 o 5 centímetros de longitud. Algunas personas desarrollan la capacidad de ver las paredes de energía. Otras desarrollan la capacidad de ver o de oír psíquicamente los números.

Técnica

Se puede utilizar una vara de medir para medir los chakras, pero es mucho más útil una regla de carpintero. Haga que la persona a la que se está midiendo se tumbe de espaldas en el suelo, con las manos junto a los costados. Frótese las manos hasta que sienta electricidad estática. Localice la energía del cuerpo físico del sujeto, alrededor de todo el cuerpo, a unos diez centímetros de altura.

A continuación, localice el chakra que se va a medir. Espere unos momentos y sienta con la mano las energías sobre el chakra. No haga «rebotar» la energía, pues esto altera el flujo natural; por el mismo motivo, no toque a la persona con la regla. Levante la mano, hasta tenerla a unos treinta centímetros; después, colóquela sobre el chakra y vaya bajándola hasta que sienta la «pared» del cuerpo etérico y el chakra a ese nivel. Mida la distancia y anote la información. Repita el proceso con el cuerpo emocional, pero empezando a unos sesenta centímetros; anote la distancia cuando la encuentre. Para el nivel mental, empiece a unos ciento setenta y cinco centímetros de distancia (quizás tenga que subirse a un taburete o a una silla; tenga cuidado: si se cae, cambiará las energías, aparte del peligro de hacerse daño). Si no encuentra los chakras por debajo de los niveles de treinta, sesenta y ciento setenta y cinco centímetros, empiece a mayor distancia.

Aprenderá a percibir las diferencias entre las energías etéricas, emocionales y mentales. No se preocupe demasiado al principio por detectar la energía correcta; sólo conseguiría ponerse nervioso y hacerlo todo más difícil. En muchas ocasiones, el sujeto puede sentir cuándo llega usted a las energías concretas y puede orientarle en el proceso. Si más adelante usted duda si ha realizado correctamente la medida, repita el proceso. No pase mucho tiempo midiendo al principio, porque las energías pueden agotarlo a usted. Si, en efecto, se queda «exhausto», beba algo de agua y descanse unos minutos: normalmente, esto le refrescará lo suficiente para seguir adelante. Algunos flujos de chakra que le cueste trabajo encontrar pueden estar desviados hacia la izquierda o hacia la derecha, hacia arriba o hacia abajo; si es así, anote el dato.

Cuando termine con los chakras delanteros, mida los posteriores. Después de tomar las medidas, calcule la media de los tres flujos (etérico, emocional y mental) y anote los números sobre la tabla. Anote a continuación toda desviación significativa dentro de cada nivel. Una desviación de 2,5 a 5 centímetros en cualquiera de los dos sentidos es normal en el nivel etérico, como también lo son desviaciones de entre 8 y 10 centímetros en el emocional y de entre 12 y 15 centímetros en el mental. Una desviación excesiva significa que las energías están desequilibradas y produce confusiones y cambios bruscos del estado de ánimo. Por otra parte, un exceso de uniformidad en cualquiera de los chakras indica rigidez. En una persona verdaderamente equilibrada, los chakras superiores, como el del corazón, el quinto ojo y el de la corona, están un poco más altos que los demás.

Cuando realice un análisis de personalidad, tenga en cuenta los siguientes factores:

1) Los flujos de energía varían un poco de un día a otro. Si la persona no hace ningún esfuerzo por cambiar, la pauta general puede mantenerse indefinidamente.

2) La ira, el dolor, el amor, o cualquier otra emoción fuerte, se apreciarán en el flujo de energía. Comparando las medidas tomadas en estados emocionales fuertes con las de estados relativamente normales descubrirá las repercusiones que tiene la ira sobre su sistema.

3) Los problemas de personalidad provocan y son provocados por desequilibrios de energía; es difícil determinar cuál es la causa y cuál el efecto.

4) Las lesiones físicas pueden liberar energía o provocar cambios en el flujo.

5) Cuando un chakra está demasiado abierto, usted puede colocar la mano sobre él, empujar la energía hacia el interior del cuerpo y dirigirla mentalmente hacia un chakra que esté bajo.

6) Cuando un chakra esté demasiado bajo, aplique un masaje sobre el mismo y sobre la zona que lo rodea; esto liberará cualquier tensión muscular, permitiéndole a usted hacer salir mentalmente energía por ese chakra.

7) Cuando usted descubra varias paredes o bordes en un mismo chakra, anote la medida más alejada del cuerpo. Las paredes detrás de otras paredes indican un desarrollo parcial de aquel cuerpo o zona del chakra.

Análisis del perfil de chakras

Después de haber medido y anotado en la tabla el flujo de energía de los cuerpos físico, emocional y mental a través de los sistemas de chakras, estamos preparados para estudiar el perfil y para descubrir zonas en las que el sujeto puede sufrir crisis de energía. Los problemas de personalidad son consecuencia de un desequilibrio o alteración del flujo de energía en los cuerpos físico, emocional y mental. El perfil de chakras muestra gráficamente las zonas en que se producen estos desequilibrios.

Un chakra que esté notablemente por encima de la media está probablemente demasiado abierto y recibe demasiada energía; si está muy por debajo de la media, está bloqueado y recibe una cantidad insuficiente de energía. (En el capítulo 8 describimos los síntomas de las aperturas excesivas o de los bloqueos.) Aparte de las medidas individuales de los chakras, es importante buscar pautas o relaciones concretas entre los chakras y los cuerpos. Existen muchas pautas de interacción que actúan para producir alteraciones de la personalidad, pero podemos señalar varias pautas frecuentes. Podemos señalar las siguientes directrices generales para realizar con cierta precisión el análisis de un perfil:

1) Busque los puntos más altos y los más bajos dentro de cada cuerpo para determinar dónde fluye con demasiada intensidad la energía y dónde está bloqueada.

2) Los desequilibrios del sistema de chakras del cuerpo físico se manifiestan en los actos y en las enfermedades físicas. Los desequilibrios del cuerpo emocional se manifiestan de manera natural en los sentimientos y en las emociones. Los desequilibrios del cuerpo mental se manifiestan en el pensamiento. Cuando un problema de un cuerpo es bastante grave, afectará de alguna manera a todos los demás cuerpos.

3) La tensión o la rigidez generales suelen indicar un nivel bajo de energía, distribuida con mucha regularidad alrededor de todo el cuerpo; esta situación no es saludable. Es mejor tener flujos muy variables: así, al menos, sale algo de energía. Lo mejor de todo es tener un flujo moderado, muestra de carácter.

Lo que hay que buscar

Debe existir un buen equilibrio entre los cuerpos. Si un cuerpo está cerrado en relación con los demás, desconfíe. El nivel etérico deberá estar normalmente por encima de los veinticinco centímetros, el emocional sobre los cincuenta centímetros, y el cuerpo mental por encima de los ciento veinticinco centímetros.

Supongamos, por ejemplo, que el nivel mental está por encima de ciento setenta y cinco centímetros, y que el nivel físico está por debajo de los veinticinco centímetros; esto indica falta de constancia, falta de atención al cuerpo físico, inactividad: en suma, un exceso de energía en el cuerpo mental indica que existe mucho más pensamiento que acción. O bien, supongamos que el cuerpo emocional ronda los cien o los ciento veinticinco centímetros, y el cuerpo mental está entre ciento cuarenta y ciento cincuenta centímetros; esto indica una preocupación por los sentimientos. Las energías físicas excesivamente altas darían a entender que la persona actúa sin sentir y sin pensar.

Cuando un chakra está muy bloqueado, intente buscar dónde va a parar el exceso de energía. Un corazón bloqueado puede salir por el bazo en situaciones de ira, o por el chakra en excesos de energía sexual. Un chakra de la garganta bajo da a entender que existe resistencia o no aceptación, así como un flujo excesivo de salida por el chakra del corazón y una tendencia a ser demasiado amorosos. La energía del ombligo y del bazo bloqueados pueden dirigirse al chakra sexual o al de la raíz.

Una persona demasiado atrapada por un problema determinado suele enviar energía adicional al chakra relacionado con el mismo; ese chakra puede abrirse mucho entonces, atrayendo continuamente la atención de la persona sobre el mismo y magnificando el problema. Se convierte en un círculo vicioso. Intente alejar la energía de un chakra determinado para liberar la sobrecarga, o extender por todo el cuerpo la energía de ese chakra y la preocupación, difuminando la situación y aportando una nueva conciencia y una nueva visión.

Un chakra de la corona demasiado bajo nos expone a desprecios (por parte de los demás o de nosotros mismos), y al miedo a tener demasiada cabeza. Por otra parte, un chakra de la corona demasiado alto no suele provocar problemas, aunque puede liberar demasiada energía y abrirse al máximo, produciendo fatiga general, falta de energía para las actividades diarias y la necesidad de reequilibrarse. En este caso, intente recuperar una parte de la energía y moverla por todo el cuerpo.

No importa que el chakra del quinto ojo esté alto, a no ser que esté quitando energía a los demás chakras. Puede indicar sueños vívidos, clarividencia... o dolores de cabeza. Un quinto ojo demasiado bajo indica falta de visión.

El chakra de la garganta demasiado alto da a entender que la personalidad acepta demasiado las cosas con falta de razonamiento. Un chakra de la garganta demasiado bajo indica falta de aceptación de la vida e incapacidad para alzar la voz.

El chakra del corazón demasiado alto da a entender que la persona ama demasiado para su propio bien, que puede sentirse agotada (quemada) o tener dolores de corazón, en el sentido literal de la expresión. Un chakra del corazón demasiado bajo da a entender que existe un estado de descorazonamiento o de desánimo, fatiga y dureza de corazón. Puede existir un gran dolor procedente de épocas anteriores de la vida o de vidas anteriores.

Un chakra del ombligo demasiado alto produce un estado demasiado emotivo, que deja poca energía para pensar o para actuar. Un chakra del ombligo demasiado bajo indica un estado de bloqueo o un miedo a los sentimientos.

El chakra del bazo demasiado alto puede producir iras incontrolables o dificultades para pensar con claridad. Un chakra del bazo demasiado bajo indica miedo a manifestar la ira.

Una voluntad demasiado alta (si el corazón está cerrado) indica de manera natural un estado muy voluntarioso, y que es difícil llevarse bien con esa persona. Una voluntad demasiado baja indicará normalmente una sensación penetrante de desvalidez, en la que la energía se derrama sobre la zona emocional. La voluntad debe estar equilibrada con el corazón y con el ombligo.

El chakra de la raíz demasiado alto hace que sea difícil permanecer sentados y quietos. La persona también puede estar «sentada» sobre su ira en potencia, reprimiéndola. Pueden producirse hemorroides. El chakra de la raíz demasiado bajo puede producir un miedo a los errores. Cuando están cerrados simultáneamente los chakras de la cabeza y de la raíz, puede existir un miedo general a la vida que impulsa a la persona a esconderse (complejo de tortuga).

El chakra de la devoción demasiado alto (si es más alto que el de la corona) indica devoción sin orientación, ya sea a una persona o a una causa. El chakra de la devoción demasiado bajo es propio de la persona que se cierra a las ideas de los demás, que tiende a proyectarse sobre los demás, que se preocupa por los derechos de su propio yo y que sospecha de los demás.

El chakra de la escotilla de escape demasiado abierto puede dejar a la persona mareada, sobre todo cuando la cabeza se inclina demasiado por delante del cuerpo. Cierra la llegada de energía al cerebro. En casos extremos, la persona puede sentirse paranoica. El chakra de la escotilla de escape demasiado bajo puede indicar una aceptación excesiva del mundo.

Los chakras de los pies demasiado altos indican ira, necesidad de caminar para despejar las emociones y la mente, y necesidad de hacerse oír y de dejar huella en el mundo (sobre todo cuando los talones pisan fuerte al caminar). Los chakras de los pies demasiado bajos indican sigilo, miedo a caminar, que se camina como sobre cáscaras de huevo, miedo a «ponerse de pie» y necesidad de resistir. La altura excesiva de los chakras de los dedos de los pies produce un deseo de liberar la ira dando patadas (de abrirse camino a patadas); cuando están demasiado bajos, los dedos de los pies pueden curvarse por un efecto de contracción, que simboliza la necesidad de seguridad, como el pájaro que se agarra a la rama.

Cuando los chakras emocionales y del corazón están demasiado cerrados, la persona tiende a manifestar su amor a través del sexo. El chakra del sexo también puede elevarse demasiado por el desbordamiento de otros chakras; esto, combinado con niveles más altos emocionales o mentales, hace que se piense en el sexo más de lo que se actúa. El chakra sexual demasiado bajo da a entender una incapacidad de manifestarse sexualmente o de utilizar esta energía de otros modos.

Los flujos demasiado altos o demasiado bajos del chakra del plexo solar pueden provocar náuseas. Estos extremos indican problemas a la hora de actuar, de sentir o de pensar adecuadamente en relación con el propio destino. Cuando están demasiado abiertos, existe una preocupación por el destino y por los asuntos de la vida diaria; cuando están demasiado bajos, existe un miedo a asumir un lugar en el mundo o a no estar abiertos a la expresión.

TABLA 4. Ejemplos de medidas de chakras, en centímetros

	A (Cuerpo etérico)	A (Cuerpo emocional)	A (Cuerpo mental)	B (Cuerpo etérico)	B (Cuerpo emocional)	B (Cuerpo mental)	C (Cuerpo etérico)	C (Cuerpo emocional)	C (Cuerpo mental)	D (Cuerpo etérico)	D (Cuerpo emocional)	D (Cuerpo mental)	E (Cuerpo etérico)	E (Cuerpo emocional)	E (Cuerpo mental)
Media — MEDIA	66	122	203	36	86	157	25	61	192	41	112	175	61	109	196
D — DEVOCIÓN	69	89	188	33	64	109	23	89	188	69	114	193	66	94	183
EE — ESCOTILLA DE ESCAPE	56	147	188	38	61	122	30	89	180	43	109	180	30	112	188
V — VOLUNTAD	58	127	188	30	58	137	38	74	137	36	150	180	79	132	196
1 — RAÍZ	91	198	244	25	53	122	28	97	198	46	114	193	84	208	210
P — PIE	48	117	175	41	117	178	23	58	137	36	84	150	36	69	150
DP — DEDOS DE LOS PIES	61	86	188	36	114	198	25	41	152	46	122	188	25	109	193
2 — BAZO	76	160	274	64	124	196	20	33	91	38	91	168	81	122	185
S — FUERZA DEL SEXO	69	142	213	43	119	213	23	58	122	25	79	142	91	147	175
3 — OMBLIGO	58	94	163	33	107	142	20	53	89	20	119	150	56	107	175
PS — PLEXO SOLAR	84	122	203	28	81	150	23	51	132	33	119	173	56	112	175
4 — CORAZÓN	71	127	218	18	71	150	23	58	152	23	122	180	61	119	218
5 — GARGANTA	56	84	218	36	89	127	20	56	132	25	117	183	64	117	198
6 — FRENTE	69	94	198	25	66	150	23	43	137	33	119	211	48	109	206
7 — CORONA	53	107	183	33	86	196	20	56	127	89	109	165	66	97	213

Ejemplos de medidas

La tabla 4 muestra las medidas de los chakras de cinco personas con historiales diversos. B y C tienen los niveles más bajos del grupo; ambos practican profesiones estructuradas y tradicionales. A, D y E tienen mucha mayor libertad para el desarrollo personal y espiritual; los tres suelen trabajar con sus energías espirituales.

A)   La medida más alta de los chakras se realizó sobre el bazo, a nivel mental. Esta persona sufría mucha tensión en aquella época. La corona es inferior a la media (203), lo que indica desequilibrio y, en concreto, falta de autoestima. Los valores generales son altos, indicativos de desarrollo; pero la corona baja con respecto del chakra de la devoción indica una necesidad de mayor autovaloración. Tiene puesta la «tapa», lo que inhibe el flujo de la corona. El chakra del corazón más alto que el de la corona a los tres niveles indica que A pone en primer lugar las necesidades de los demás.

B)   Como hemos indicado, esta persona se mueve en un entorno de trabajo tradicional, muy estructurado y tenso, lo que se aprecia en los valores altos para el bazo a los niveles etérico, emocional y mental. La energía de la devoción es más baja que la media; la insatisfacción y la separación sólo sirven para agravar la tensión y la ira. El chakra de la corona de B está más alto que la media, lo que indica desarrollo.

C)   Esta persona es la que trabaja en el entorno más rígido y estructurado de todos. Las lecturas sobre el chakra de la escotilla de escape (llamado así porque sirve de depósito general de los excesos de energía en los momentos difíciles) son superiores a la media. En consecuencia, existe un poderoso deseo de huida, pero las energías de devoción al nivel emocional y al mental son más altas todavía, lo que indica que la persona está intentando hacer que las cosas funcionen. El chakra de la devoción es muy superior al de la corona, lo que quiere decir que la persona no dedica el tiempo suficiente a sus intereses personales. Sin duda, la opinión que tiene C de sí mismo podría mejorarse.

D) Buen desarrollo mental, pero los chakras de la corona y del ombligo están demasiado bajos. Un chakra del ombligo bajo a nivel mental indica dificultad al tratar las emociones; y, dado que también está bajo al nivel etérico, existen problemas al actuar basándose en las emociones. En lo que se refiere a sentir las emociones, no obstante, este sujeto manifiesta un equilibrio mucho mayor. Tiene el chakra de la devoción más alto que el de la corona, lo que indica un exceso de devoción hacia otras cosas y una necesidad de dedicarse más tiempo a sí mismo.

E) Existen valores mentales y emocionales altos en el chakra de la raíz, lo que indica que, a pesar de su buen desarrollo, E está «sentado» sobre posibilidades que tiene a su alcance, sobre todo en lo que se refiere a sus dotes de líder. El valor del chakra de la corona en el cuerpo emocional es menor a la media, mientras que los valores etérico y mental son superiores a la media, lo que indica que E no tiene sentimientos claros acerca de su propio yo, del desarrollo o de la iluminación. Cuando algunos valores son altos y otros bajos, pueden presentarse problemas al utilizar cualquiera de las energías en cuestión. El valor del chakra de la raíz de E es más del doble del de la corona, lo que indica verdaderamente que está sentado sobre sus sentimientos. El nivel mental de la frente es alto comparado con el de la devoción, el de la voluntad y el de los pies, lo que indica capacidad de clarividencia y la posibilidad de tener sueños más vívidos.

Capítulo **10**

Los chakras compañeros

Los chakras compañeros

Los chakras de la parte delantera del cuerpo tienen chakras compañeros menores a ambos lados que normalmente tienen un flujo menor de energía. Su propósito es ayudar a controlar la cantidad de energía que atraviesa el chakra principal y a determinar cómo se utiliza la energía; los de la mitad derecha del cuerpo están relacionados con las actitudes o con los pensamientos sobre la actividad que deberían tener los chakras, mientras que los de la izquierda están relacionados con el nivel de funcionamiento de los sentimientos.

Ejercicio de introducción

Sea consciente de la línea de chakras principales y de la línea de chakras compañeros que están de cinco a ocho centímetros a cada lado de éstos. ¿Cuáles se sienten abiertos y cuáles cerrados? Puede colocar las manos a algunos centímetros de altura sobre su cuerpo y moverlas bajando por los chakras compañeros, primero los de un lado y después los del otro; ¿cuáles se sienten bloqueados? Los chakras compañeros a la izquierda del vientre afectan mucho al colon descendente; los de la derecha del vientre afectan al colon ascendente. Los chakras a lo largo del tórax afectan a los pulmones, a ambos lados de ellos. Los

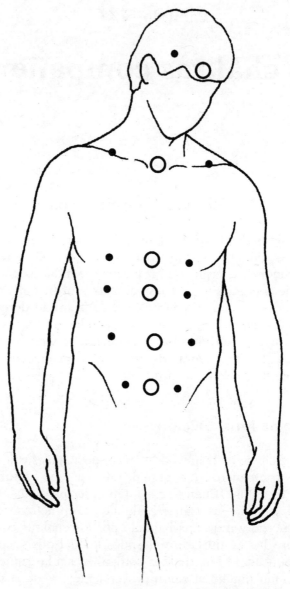

Chakras compañeros. Adviértanse los chakras «compañeros» menores a ambos lados de los chakras principales o centrales.

chakras compañeros de la zona de la frente afectan a los hemisferios izquierdo y derecho del cerebro y a la visión psíquica.

Cuando se encuentre con un chakra compañero bloqueado, deje que salga fluyendo la energía aplicando un suave masaje sobre el chakra y sobre la zona que lo rodea. Si el masaje le provoca dolor, envíe energía desde la punta de los dedos o desde la palma de las manos. Después, quédese en reposo; deje vagar la mente, deje que se abran sus sentimientos. Puede preguntarse qué es lo que provocó el bloqueo en un principio. Si lo desea, llene la zona de color azul lavanda, manifestación de una frecuencia de energía curativa, que elimina las cuestiones no espirituales.

Dado que este ejercicio puede liberar recuerdos e imágenes poderosas, la idea de curarse a sí mismo puede ser abrumadora. Quizás prefiera solicitar la ayuda de un terapeuta o de un asesor. No es necesario que lo haga todo por su cuenta.

Tres chakras del sexo

La energía sexual es una parte muy importante de nuestra energía Kundalini, y puede afectarnos de muchos modos, no sólo sexualmente. Aunque cada uno de nosotros nos relacionamos con un chakra sexual, por encima de todos los demás, es preciso que los tres chakras sexuales estén abiertos y desarrollados para garantizar el desarrollo personal.

Los tres chakras sexuales se encuentran entre el ombligo y el hueso púbico; el primero, a 2,5 o 3 centímetros por debajo del ombligo (en función del tamaño del cuerpo), el segundo a la misma distancia por debajo del anterior, y el tercero en la parte superior del hueso púbico. La energía del chakra superior se puede utilizar tanto en la creatividad como en el sexo; cuando funciona bien, aumenta la alegría y el carácter lúdico, pero cuando funciona mal provoca rigidez, falta de humor y ausencia de creatividad. La tendencia a los coqueteos que quizás surja como consecuencia puede tener resultados positivos o negativos, según cómo se utilice.

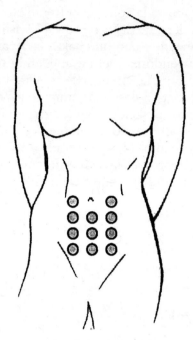

Los chakras compañeros a ambos lados de los chakras del ombligo y del sexo.

El segundo chakra del sexo, bajo el anterior, está relacionado con el poder. La unión sexual puede dar poder a las personas, cargándolas de fuerza y de la energía corporal necesaria
para establecer una sensación de estabilidad interior, de carisma y de bienestar. Aunque esta energía tiene un gran potencial
curativo, cuando se niega, promueve un deseo de controlar a los
demás por medio del sexo; así es como aparecen las personas a
las que yo llamo «coleccionistas»: aquellas a las que les gusta
descubrir cuánta atención sexual pueden suscitar sobre sí mismas. A los coleccionistas no les interesa el aspecto positivo de la
energía sexual. La violación es una manifestación de su desequilibrio.

El tercer chakra sexual, inmediatamente por encima del
hueso púbico, está relacionado con el sexo de transformación.

La energía positiva en este chakra transforma la energía sexual en energía espiritual, su octava superior. Las personas que utilizan energía del tercer chakra del sexo pueden tener visiones y desarrollar una nueva conciencia espiritual. El aspecto negativo de este chakra se manifiesta en el sentimiento de que el sexo es malo y sucio.

Chakras negativos

La energía sexual es increíblemente potente, pero una cantidad excesiva en los chakras compañeros, sin que esté acompañada de energía suficiente que la equilibre en los chakras principales, puede producir una inversión negativa (por la parte posterior del cuerpo), conduciendo a un complejo de salvador, que hace que las personas crean que tienen las respuestas necesarias para salvar al mundo. En su forma más extrema, los «salvadores» se sienten destinados a imponer sus planes de trabajo a los demás individuos o a la sociedad. La inversión también puede manifestarse en forma de ansia (deseo insaciable) de sexo, dinero o poder. La violencia (contra uno mismo o contra los demás) suele ser consecuencia de esta situación, pues la persona se encuentra explosiva y susceptible. Cuando las personas no son creativas y no mejoran, se sienten frustradas, sienten que no existe la alegría ni el control, y pueden reaccionar con inclinaciones criminales o por otros caminos destructivos de autoexpresión. Algunos criminales son muy creativos, pero su creatividad no se ha desarrollado de manera positiva.

Yo creo que en el futuro se aplicarán a los niños pruebas de chakras y de Kundalini. El flujo inadecuado de la energía (demasiada hacia los chakras compañeros, muy poca hacia los chakras principales) puede ser consecuencia de una experiencia difícil en la infancia, o de sucesos en las vidas anteriores. Los malos tratos físicos y emocionales, el sufrimiento a causa de traumas que socavan el poder personal positivo y producen sentimientos de desvalidez y de inutilidad... todo ello puede disgregar el flujo de energía de los chakras y producir conductas criminales, falta de energía para el aprendizaje y otros problemas. Pero es posible recurrir a tiempo a la asesoría profesional y a la reorientación. El primer paso consistiría en enseñar a la persona a dirigir la energía de estos chakras compañeros concretos hacia adentro, hacia los chakras principales; así, la persona aprendería a manifestarse de maneras más positivas a través de estos chakras; a sentir, por ejemplo, la energía lúdica creativa a través del chakra superior del sexo, o una fuerza positiva de autoafirmación a través del chakra de fuerza del sexo. La persona aprendería a sentir su yo espiritual, la transformación de la naturaleza inferior en una forma más espiritual. En casos graves, haría falta mucho trabajo, con ayuda profesional y supervisión por parte de un terapeuta energético preparado. Ésta sería necesaria por la increíble fuerza que pueden ejercer los chakras del sexo. Los cambios tendrían que vigilarse. Se enseñaría a la persona a equilibrar estas energías a través de todo su cuerpo, de tal manera que no residieran fuerzas excesivas en zonas determinadas del cuerpo.

Los siete ojos [1]

Además de los dos ojos físicos a los que estamos acostumbrados, existen cinco ojos espirituales adicionales, todos ellos en nuestra cabeza, que forman parte de nuestra atención o conciencia ampliada y que se abren espontáneamente a lo largo de nuestros viajes por el camino de la evolución. El tercer ojo está situado entre las cejas; los ojos cuarto al séptimo están situados a lo largo de una línea que sube por la frente; el cuarto está inmediatamente encima del tercero; el quinto, en el centro de la frente; el sexto, inmediatamente por debajo del arranque del cabello, y el séptimo está en torno a una pulgada (2,5 cm.) por encima del arranque del cabello. Cada ojo tiene su función propia, y todos ellos son necesarios para nuestro desarrollo completo.

---

[1] Este apartado está resumido del libro de la autora *The Seven Eyes of Man in the Evolution of Consciousness.*

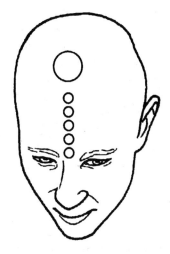

*Situación de los dos ojos físicos y de los cinco ojos espirituales. En la parte
superior, sobre los siete ojos, está el chakra de la corona.*

Los dos ojos físicos tienen funciones que van más allá de la
capacidad de la visión ordinaria. El primer ojo (el derecho) se
utiliza principalmente para ver las formas de los objetos; ayuda
a percibir los detalles. El segundo ojo, el izquierdo, está relacionado con nuestro yo emocional; se ocupa más del color y de la
textura que de las formas; nos aporta una sensación de las relaciones entre los objetos.

Nuestro tercer ojo nos aporta la comprensión de la forma y
del funcionamiento de nuestro cuerpo físico; detalla lo que ve el
primer ojo y aporta profundidad o una tercera dimensión.
Abierto, atribuye su justo valor a la altura, aliviándonos el
miedo a las alturas o a volar. Nuestro cuarto ojo sirve para comprender las relaciones personales y para desarrollar la fe en
Dios; detalla lo que ve el segundo ojo. Nuestro quinto ojo nos
ayuda a comprender las verdades y los ideales universales; con
él recibimos los «conceptos», y es excelente para contemplar las
vidas anteriores. Nuestro sexto ojo es necesario para la verdadera visión interior y para comprender la esencia y los propósitos
de nuestras vidas. Nuestro séptimo ojo nos ayuda a comprender

la totalidad y el propósito del universo; a través suyo recibimos la comprensión divina y vemos la luz resplandeciente y las presencias angélicas.

Son pocas las personas que tienen desarrollados los siete ojos; de hecho, son pocas las que tienen desarrollados siquiera los dos primeros. Esto se debe principalmente a nuestra ignorancia de las posibilidades de las diversas formas de visión, a nuestra pereza a la hora de captar o de «ver» lo que nuestros ojos observan verdaderamente, y a nuestra falta de consideración por nuestro legado espiritual de conciencia ampliada. Todas estas actitudes nos arrojan velos sobre los ojos; pero cuando los retiramos se nos abren mundos nuevos.

El peligro de la apertura prematura

La apertura prematura tiene sus peligros; el principal es la falta de comprensión y el miedo a lo que no se entiende. Los ojos de las personas pueden «abrirse al máximo» prematuramente por el consumo de drogas o de medicamentos, por accidentes físicos (por un golpe en la cabeza, por ejemplo), o por un desarrollo desigual del proceso evolutivo. Sea cual sea el motivo, cuando se abre un ojo sin que tengamos una comprensión plena del propósito de éste, podemos sufrir confusiones y malentendidos; lo que debería ser una bendición puede parecernos una maldición.

El ojo subconsciente

También llamado «Ojo de la Primera Conciencia». El ojo subconsciente está situado en la parte superior de la nariz, junto al borde inferior de los huesos que forman la frente. Es una zona donde se combina la conciencia física y la emocional, y, como tal, está relacionada con nuestra vida básica o primitiva, con nuestras sensaciones instintivas, nuestra supervivencia básica y nuestra conciencia. Cuando este chakra está abierto,

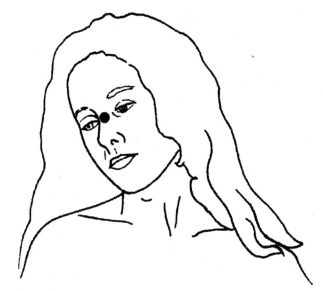

El ojo subconsciente está situado en la nariz, entre los ojos.

pone en contacto a la persona con el subconsciente (que no tiene que ser subconsciente en absoluto). Todas las dificultades emocionales o físicas a las que la persona se niega a enfrentarse a nivel consciente producen bloqueos, inhibiendo el desarrollo y la conciencia.

Cuando el chakra está demasiado abierto, la persona sufre preocupaciones por cuestiones físicas y emocionales; cuando está demasiado cerrado, la persona pierde el contacto con la fuerza vital.

El deseo de aplicar un masaje sobre la zona nos indica que este ojo se empieza a abrir (que accede información subconsciente a la conciencia).

Los siete corazones [2]

Los siete chakras del corazón están impulsados todos ellos por el centro del corazón. Cada uno de ellos tiene una energía de amor de un tipo diferente. Están alineados uno sobre otro a partir del apéndice xifoides, y, en las personas medianas, tienen el tamaño de un dólar de plata (si usted es muy pequeño, estarán más próximos entre sí; si es más grande, estarán más separados).

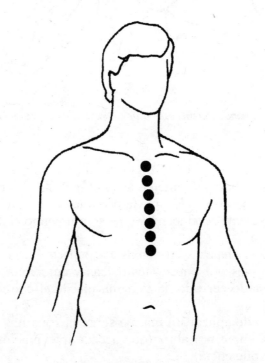

Los siete chakras del corazón están impulsados por la Kundalini, influida por la energía del corazón.

---

[2] Ha colaborado en la redacción de este apartado Helen McMahan.

Chakra del corazón número 1

Situación: en el apéndice xifoides, apéndice óseo en la punta del esternón.

Función: energía de la conciencia; conocimiento del bien y del mal.

Demasiado abierto: carga de culpabilidad; defensivo; racionalista.

Bloqueado: inconsciente de los sentimientos de culpa; impresionable[3].

El chakra del corazón más bajo nos sirve de conciencia; es el pequeño giroscopio de memoria construido a partir de las enseñanzas tempranas, o a veces tardías, que acumulan los *deberes*, las *obligaciones* y los *imperativos*. Sus padres fueron los primeros que empezaron a llenar este almacén de pensamientos, pero muchas otras personas, incluido usted mismo, le han aportado algo: sus maestros, sus amigos, sus cónyuges, otros parientes, incluso la propia cultura, han amontonado en su corazón estas imposiciones.

Chakra del corazón número 2

Situación: inmediatamente por encima del apéndice xifoides.

Función: mantenimiento de un equilibrio de energía liberada en términos de la conexión con los demás.

Demasiado abierto: apego excesivo a una persona o a un ideal, que deja poca comprensión o

El segundo chakra del corazón está relacionado con el apego: a las personas, a las cosas y a las ideas. Suele existir en él una energía empalagosa, peligrosa y pesada, sobre todo durante las relaciones personales. Recuerde que no le es posible adueñarse, poseer, manipular o controlar a otro ser humano por medio del

---

[3] Ver también: cuerpo emocional-nivel intuitivo/compasivo, página 145.

energía para equilibrar las fuerzas del corazón.

Bloqueado: se rechaza el apego; corazón cerrado.

amor. El aspecto positivo del apego es el cariño profundo, una aceptación de la responsabilidad, una disposición a comprometerse por alguien.

Chakra del corazón número 3

Situación: en el esternón, entre los pechos.

Función: voluntad de vivir bien.

Demasiado abierto: impulsivo, temerario.

Bloqueado: miedo a la vida; voluntad débil[4].

El tercer chakra del corazón es el principal con el que trabajamos en nuestra Kundalini básica: es el chakra del amor y de la voluntad de vivir. Su corazón en este punto es su vida, su fuerza impulsora para abrazar su vida, para disfrutarla, para aprender de ella, para utilizarla para desarrollarse como persona, descubrir su origen divino y regresar al océano de amor que es la energía de Dios.

Chakra del corazón número 4

Situación: sobre el chakra del corazón número 3.

Función: perdón, dejar que brille la luz.

Demasiado abierto: se perdona demasiado; aceptación incluso a costa de lesiones o daños.

El cuarto chakra del corazón está relacionado con la venganza y con el perdón. El perdón es una bendición increíble, tanto para el que perdona como para el que es perdonado. La venganza es la otra cara de la moneda: la estrechez y una incapacidad de fluir o de soltarse producen

---

[4] Ver también: cuerpo físico-nivel de la voluntad/espíritu, página 144.

Bloqueado: se busca venganza; se quiere impresionar a los demás con la propia grandeza o los propios logros.

un deseo feroz y poderoso de saldar las cuentas, de retraerse, de bloquear el verdadero sentimiento del amor.

Chakra del corazón número 5

Situación: en el punto intermedio entre la herradura de la garganta y el chakra del corazón número 3.

Función: voluntad de vivir; equilibrio; compasión.

Demasiado abierto: adulador.

Bloqueado: dureza de corazón[5].

El quinto chakra del corazón es el corazón compasivo. Cuando fluye, hará que las personas se abran a usted como flores; tal vez, incluso empiece a contarle todos sus problemas, pegándose a usted como aspiradoras emotivas. Pueden dejarlo seco. Si se encuentra alguna vez en esta situación, imagínese que desconecta esa energía del corazón de usted y que vuelve a conectarla en el ombligo o en un chakra del corazón de ellos.

Chakra del corazón número 6

Situación: inmediatamente por debajo del hueso en forma de herradura ante la garganta.

Función: abrirse a los niveles espirituales superiores; aplicar la energía del corazón al desarrollo espiritual.

Demasiado abierto: tendencia a

El sexto chakra del corazón nos abre al desarrollo espiritual superior, a la fusión espiritual, a la efusión de amor espiritual que usted siente hacia su Dios. El amor verdadero que sentimos por los demás es muy semejante a este sentimiento. Una persona cuyo flujo esté demasiado

---

[5] Ver también: cuerpo emocional-nivel divino, página 150-151.

ver las cosas sólo en los niveles superiores o de maneras espirituales, y a pasar por alto lo más humano de la vida.

Bloqueado: temor; rechazo de los niveles espirituales superiores.

abierto, no obstante, puede ser una lata, dedicada siempre a tonterías espirituales y sin prestar atención a la realidad de los demás. Las personas que tienen bloqueado crónicamente el flujo sólo ven el aspecto humano de la vida.

Chakra del corazón número 7

Situación: donde los huesos forman una herradura al fondo de la garganta.

Función: servicio en el mundo.

Demasiado abierto: la persona se esfuerza por servir a los demás cuando no lo necesitan ni lo agradecen.

Cerrado: dedicación a uno mismo.

El séptimo chakra del corazón es el chakra del servicio. Servir a los demás es una meta elevada. Cuando la energía del séptimo chakra del corazón está bloqueada o retorcida, este servicio se convierte en una entrega martirizada, a regañadientes, con avaricia de espíritu e inaceptable, que hace daño a todos los que intervienen; es como cuando se «ayuda» a una viejecita a cruzar la calle. La energía retorcida puede generar a un mártir, a una persona que presta servicio a los demás pero que se queja de ello. Las personas que tienen bloqueado el flujo pueden despreciar las oportunidades de ayudar a los demás. Pero este chakra del servicio, cuando fluye debidamente, se convierte en el propósito supremo de esta vida.

Ejercicio de meditación sobre los siete corazones

Aplique cuidadosamente un masaje al más bajo de los chakras del corazón. Actúe con mucha suavidad, pues si está dolorido puede causarle lesiones. Relájese. Deje que su respiración flote profunda y suavemente hacia el interior de su cuerpo, contemplándola desde aquel lugar quieto y callado que está muy dentro de sí. Libere su mente. Sin miedos ni preocupaciones, abra su memoria. Contemple su energía.

Pregunte qué *deberes, obligaciones* e *imperativos* están enterrados dentro de este chakra de la conciencia. ¿Cuáles han dejado de ser válidos y deben abandonarse? Cuando vaya saliendo cada imposición a la superficie de su mente consciente, reconozca sus sentimientos al respecto, el modo en que facilita u obstaculiza su capacidad de relajarse, de relacionarse con los demás, de divertirse y de disfrutar de su vida. ¿Qué puede usted liberar? ¿Qué debe imponerse todavía más?

Haga subir su conciencia al chakra del apego y del no-apego, que es el siguiente de la fila. Aplique un masaje sobre la zona. Sienta el flujo de energía; advierta su carácter y reconozca los sentimientos, las ideas, las esencias de lo que este corazón suscita dentro de usted. Pregúntese qué necesita, qué ansía, qué ama o qué posee. Quizás se trate de cosas materiales (casa, automóvil, ropas, alguna joya antigua que atesora cuidadosamente). ¿Qué significan para usted estos apegos? O quizás esté apegado a personas, a ideas, a modos de relacionarse con el mundo, a modos de percibir el ideal. ¿Qué consecuencias tienen estos apegos sobre su vida? ¿Le aportan liberación, o lo limitan? ¿Lo tranquilizan, o lo angustian? ¿A qué quiere apegarse verdaderamente, y de qué quiere liberarse? ¿Es capaz de verse a sí mismo crecer muy por encima de estos apegos queridos? ¡Ame responsablemente, liberándose al mismo tiempo!

Abra el chakra de la voluntad de vivir, el principal chakra del corazón, en el centro del pecho, entre los pechos o las tetillas. Sienta el poderoso flujo de energía que parte de este chakra de amor fuerte y penetrante: la alegría, la apertura, la curiosidad y la emoción para emprender la próxima aventura. Deje que se derrame la energía para abrazar la próxima enseñanza o la próxima lección; convénzase a sí mismo; cribe las lecciones de su vida para encontrar sus granos de verdad, admitiendo con paciencia modificaciones del amor, del conocimiento y de la comprensión ya existentes. Permítase a sí mismo sentirse quien es, simplemente.

A continuación, abra el chakra del corazón de la venganza y del perdón (inmediatamente por encima del de la voluntad de vivir); sienta la energía, advierta los cambios y relájese, dejando fluir el chakra. ¿Existen allí rencores antiguos y enterrados profundamente? ¿Qué cargas puede quitarse de encima? ¿Qué perdón se puede liberar desde este chakra? Respire profunda y tranquilamente. Vea mentalmente la cara de la persona con la que haya tenido mayores dificultades en esta vida (esté viva o muerta). Oiga su voz. ¿Qué es lo más irritante que hace esta persona? ¿Amó usted a esta persona? ¿Sigue existiendo ese amor? Retroceda en su recuerdo y determine la causa fundamental de las primeras dificultades que tuvo con esta persona. ¿Ha deseado alguna vez pegar a esa persona?, ¿matarla incluso? ¿Tiene esta persona alguna característica física especialmente irritante? Puede haber sentido que se mantenía otro tipo de relaciones entre ustedes dos (de padre o de madre, por ejemplo) que no existía en esta vida actual. Ahora perdónese a sí mismo cualquier cosa que haya dicho o hecho a esta persona. Dedíquele treinta segundos; diga una y otra vez: «Me perdono a mí mismo» cualquier cosa que pueda haber hecho a esta persona. Luego, solicite el perdón de Dios por cualquier actitud que pueda haber tenido, o por cualquier cosa que haya dicho o hecho a esta persona. Medio minuto. El perdón de Dios: ¡pídalo!

Después, perdone mentalmente en silencio a esta persona cualquier cosa que pueda haberle hecho: actos concretos, palabras concretas. Perdónelas ahora mismo. Medio minuto, simplemente perdonando. Y a continuación, durante medio minuto, rece por esta persona; envíe amor a esta persona; bendiga a esta persona (aunque le raspe los nervios); rece por esta persona. Después, relájese. Sonría. Y deje que fluya ese dulce lugar interior de perdón.

El chakra siguiente, sobre el anterior, es el chakra compasivo del corazón. Aplíquele un masaje; enfoque delicadamente la conciencia, abra el chakra, deje que salga fluyendo su compasión. Limítese a sentir la compasión; déjela salir indiscriminadamente hacia cualquier persona que choque con su ser, con su vida. Envíe compasión a sus amigos, a su familia, a sus conocidos, y, por último, a sí mismo. Déjese desbordar por la dulzura de la compasión, probando el sabor de su propia compasión. Después, enfoque totalmente la fuerza de esta energía sobre usted mismo; deje que lave sus caprichos, sus debilidades, sus malos humores favoritos, sus hábitos secretos; permítase sonreír al contemplar ese ser inseguro, curioso, reluciente y maravilloso que es usted mismo. Pase ahora al siguiente chakra del corazón, el de la apertura a las energías espirituales superiores, inmediatamente debajo de la herradura de la garganta. Deje que se forme una oración dentro de este flujo de energía. ¿Cómo se siente esta apertura a su origen divino? Deje que la oración adopte la forma de deseo de un nuevo comienzo en la vida, de una dedicación más elevada de su espíritu a una vocación más luminosa. Busque en este deseo los vestigios de deberes y de prohibiciones, de apegos limitadores, de terquedad y de egoísmo, de rencores ocultos y de caprichos. Bruña su deseo, saque brillo a su oración, y déjela subir hasta lo divino.

Por último, dirija su atención al hueco de la garganta, en la herradura, sobre el chakra del servicio. Concéntrese en abrirse totalmente, en dilatarse, en disipar con el aliento la sensación ligeramente angustiosa, de bloqueo y de cierre que se produce con tanta facilidad en esta zona delicada. Pregunte qué oportunidades de servicio se le están abriendo en su vida ahora mismo. ¿En qué aspectos está haciendo el esfuerzo necesario para entregar algo a la vida? ¿Qué sensación le produce su energía de servicio? Siéntala, nótela, experiméntela con todo su ser. A continuación, pregunte qué nuevas oportunidades de servicio se le empiezan a abrir dentro de sí mismo. Pida sentir la posibilidad de entrega más alta que tenga en sí mismo. «Que mi voluntad sea la Tuya.» Dé forma a esta intención, envíela hacia arriba, dedíquese a sí mismo a las semillas del servicio a los demás que empiezan a arraigar dentro de sí. «Que mi voluntad sea la Tuya.»

Los anillos de chakras

El anillo que rodea la corona

Puede que no sea un nombre muy elegante el de «anillo de chakras que rodea la corona», pero los describe con precisión. Describiré a continuación seis de ellos, que se encuentran alrededor del chakra de la corona (en el centro de la parte superior de la cabeza):

1.   Éste es el mismo chakra del séptimo ojo (puede ver más detalles en el apartado que habla de los siete ojos, en la página 186).

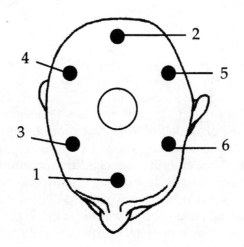

Anillo de chakras que rodea la corona. El central es el de la corona; los otros forman el anillo.

2. Situado en la parte trasera de la parte superior de la cabeza (algunas personas pueden encontrarse allí una depresión, indicativa de un mayor desarrollo de la glándula pineal). Este chakra es el mismo del sexto nivel del cuerpo de la voluntad/espíritu. Puede ver más detalles en la página 110.

3,4,5,6. Estos chakras se encuentran a los lados de este anillo, dos a la derecha y dos a la izquierda. Están relacionados con niveles superiores de la conciencia y reciben información de niveles superiores, como antenas.

Deberá trabajar independientemente con el chakra primero o segundo. Trate a los chakras tercero al sexto como a una unidad completa. Aplicando masaje a los chakras (pasándose los dedos por la cabeza), puede advertir cambios energéticos allí donde están situados los chakras. Para localizarlos con mayor facilidad, mida distancias iguales entre los chakras primero y tercero, tercero y cuarto, cuarto y segundo, segundo y quinto, y quinto y sexto. Después de aplicarles un masaje, deje fluir la energía, asegurándose de que fluya también por su chakra de la corona, para mantener un equilibrio mejor. Imagínese que está flotando, y esté abierto a cualquier información o ideas. No valore estos pensamientos de momento; limítese a anotarlos. Consúltelos más adelante, buscando su significado y el modo en que iluminan su vida.

El anillo que rodea los talones

«Lo que es arriba es como lo que es abajo.» Así es: el «anillo de chakras que rodea la corona» tiene su paralelo en el «anillo de chakras que rodea los talones». Existe incluso un chakra en el centro de los talones que se corresponde con la corona.

No solemos prestar demasiada atención a estos chakras, pero son muy importantes. Su finalidad es conectar con la tierra nuestra experiencia y nuestra conciencia espiritual y hacerla utilizable. Cuando tenemos abiertos los chakras de la corona y los de los talones, tenemos la cabeza en el cielo y los pies sobre el suelo. Debemos recordar que la tierra forma parte del cielo; el

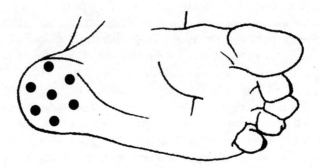

Anillo de chakras que rodea los talones. El central está relacionado con el chakra de la corona. Los demás están relacionados con los chakras que rodean el chakra de la corona.

«anillo de chakras que rodea los talones» está relacionado con la fuerza y la energía cósmica en su manifestación en el plano terrenal.

Ejercicio

Busque una zona despejada por donde pueda caminar. Aplique un masaje a todos los chakras de los anillos de los talones y de la cabeza. Camine de un lado a otro, sintiendo cómo atraviesa la energía los talones y la cabeza. Sea consciente de la conexión y de la fuerza de esta combinación. Al cabo de unos minutos puede sentarse o tumbarse (en cualquiera de los dos casos, mantenga recta la espalda). Entre en un estado de meditación y manténgase abierto a cualquier imagen o pensamiento que le acuda a la cabeza.

Estos conjuntos de chakras no son tan importantes para los principiantes; pero la persona a la que se le esté desarrollando la cantidad de fuerza espiritual disponible tiene que tenerlos abiertos y equilibrados para utilizarlos al máximo. Estos chakras contribuyen también a mantener un grado tal de fuerza en el cuerpo físico que le permita manejar el poder de las energías superiores.

Los chakras de los omoplatos

Estos chakras están situados un poco por dentro del centro de los omoplatos. Cuando están abiertos, cargan de energía el sistema y nos abren para un aprendizaje superior. Cuando están cerrados, nos pueden venir deseos de aplicarles un masaje; pero, naturalmente, es difícil aplicarse uno mismo un masaje sobre esa zona. Podemos frotarnos sobre el borde de una puerta, pero es mejor contar con otra persona que nos aplique el masaje. Déjelos abrirse. ¿Qué energía ha estado bloqueando

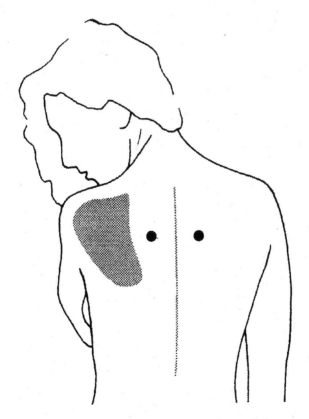

Estos chakras de los omoplatos están justo por dentro de los omoplatos.

usted? ¿Cómo podrían abrirse más? Estos chakras pueden abrirlo a otros mundos y a otras maneras de hacer las cosas.

Los chakras de la unidad y de la destrucción

Estos chakras son compañeros de los chakras del ombligo (ver página 183) y son semejantes a éstos, con la diferencia de que el de la izquierda trata más de las emociones y el de la derecha trata más de los pensamientos. Cuando la energía de estos chakras fluye bien y de manera positiva por la parte delantera del cuerpo, tenemos una sensación de unidad entre los diversos cuerpos, así como entre el sistema corpóreo completo y la energía divina.

Cuando la energía de los chakras de la unidad y de la destrucción está bloqueada sale por la espalda y puede ser enormemente destructiva. La persona que padece este bloqueo no suele ser consciente del papel destructivo que desempeñan no sólo en su vida sino también en la de los demás. Si usted se considera a sí mismo destructivo o problemático, puede observarse estas zonas y dirigir hacia el frente la energía para convertirla en unidad. No importa que usted sea consciente o no de la destructividad que provocan estos chakras. La energía es suya y todavía puede crear karma con ella. Un exceso de energía puede ser dirigido al ombligo para producir una sensación de tranquilidad por toda la zona.

Los chakras de las rodillas y de los codos

Las rodillas

Localice los hoyos de la parte interior y exterior de sus rodillas. Los chakras de estos puntos están relacionados con la manifestación de reverencia, de doblar la rodilla ante la divinidad, ante una persona real o ante una entidad espiritual («genuflexión» significa literalmente «flexión de rodilla»). El estado de flexibilidad de sus rodillas afecta a todo su cuerpo, y también por ese motivo son importantes estos chakras.

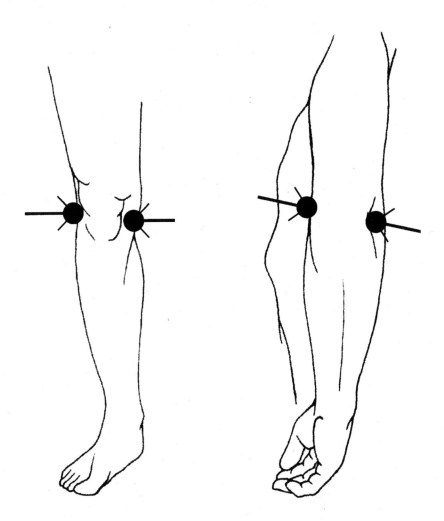

Los chakras a ambos lados de las rodillas están relacionados con la flexibilidad y la devoción.

Los chakras a ambos lados de los codos tienen una finalidad semejante a la de los chakras de las rodillas.

Los codos

Estos chakras, a ambos lados de los codos, tienen una finalidad semejante a la de los chakras de las rodillas. Se abren

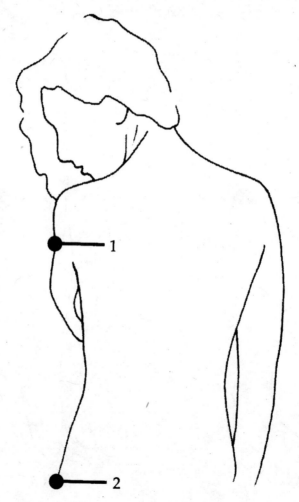

Los chakras de la confianza en el cuerpo están situados a ambos lados del cuerpo; son cuatro en total. Son muy importantes para tener una sensación de bienestar.

mucho cuando la persona junta las manos en oración. De hecho, la actitud de oración (con las rodillas dobladas las manos juntas con los codos doblados, y la cabeza baja) abre el chakra de la devoción y permite una gran apertura a planos superiores, más espirituales. El cuerpo se suma a la oración con su energía, potenciando la conexión espiritual. Los bloqueos de los chakras de los codos provocan un mayor egocentrismo.

Los chakras de la confianza en el cuerpo

Estos cuatro chakras, dos en la parte alta de los brazos y dos en la parte superior de las pantorrillas, cuando están equilibrados y abiertos aportan una sensación de bienestar físico, de apoyo por todo el cuerpo y de confianza en el cuerpo. Aplique un masaje sobre estas zonas. Deje fluir la energía de manera equilibrada. Descanse unos momentos. Siéntase a gusto consigo mismo y con su cuerpo. Con los chakras de la confianza en el cuerpo demasiado abiertos, la persona se preocupa demasiado por el cuerpo y por su bienestar; cuando están demasiado cerrados, la persona perderá el contacto con su cuerpo.

Capítulo 11

Los chakras y las relaciones personales

Introducción

Dado que nuestros chakras están recibiendo y emitiendo energía constantemente, estamos afectando y siendo afectados continuamente por los demás, a veces de modos positivos, a veces no. No es de extrañar que algunas personas quieran hacerse ermitaños.

Si sus energías son fuertes, tendrá un impacto inmediato sobre cualquier persona que entre en su presencia. El impacto concreto dependerá de las condiciones del sistema energético de la otra persona. Una persona que tenga energías débiles o que se sienta mal puede intimidarse, abrumarse o quedarse aniquilada en presencia de usted; también puede suceder que usted cargue de energía a esa persona. Si la otra persona también tiene energías fuertes, es posible que se produzca un equilibrio mejor y una relación mejor, con sensación mutua de igualdad.

Sentimos la energía principalmente a través de los chakras que tenemos más abiertos. Si su chakra más abierto es el sexual, la sentirá a nivel sexual. No sólo eso: la energía de la otra persona saldrá principalmente del nivel sexual. Si su chakra más abierto es el del corazón, usted tenderá a sentir la vida como amor.

La energía recibida a través de chakras del bazo o del ombligo demasiado abiertos provocará reacciones emocionales. Algunas personas reciben la mayor parte de su energía a través de su

tercer ojo o de su quinto ojo; se relacionan con el mundo principalmente a un nivel mental. Las reacciones inesperadas de los
demás se deben a que este chakra entorpece el proceso; hablaremos de esto más adelante. También se produce el proceso inver-
so: recibimos las energías fuertes de los demás a través del chakra más fuerte. Cuando sea consciente de una reacción poderosa ante otra persona pero no conozca el motivo de esa reacción,
intente encontrar la zona o el chakra de su cuerpo donde sienta
con mayor fuerza esta energía. Si cree que su reacción energética es inadecuada, traslade conscientemente la energía a un chakra de otra zona (como el corazón o la frente).

Cuando sea consciente de que sus energías son demasiado
intensas como para estar cómodo, estire su cuerpo y respire
hondo. Así se rompe la pauta de tensión y se aumenta el flujo de
energía. Otra manera de conseguir el equilibrio es enviar energía a través de los pies y de la parte superior de la cabeza. La
danza regulariza la energía por todo el cuerpo, y, por lo tanto, es
un buen ejercicio liberador cuando nos sentimos reprimidos o
bloqueados; también puede utilizarse como preparación para la
meditación o para el trabajo mental intenso.

Vínculos de energía

Las personas que albergan sentimientos mutuos fuertes
establecen vínculos de energía que los unen aunque no estén
juntas físicamente. El vínculo puede encontrarse en el chakra
del corazón, de la frente, del ombligo, o en el sexual, o en una
combinación de chakras. Las personas muy sensibles a estas
energías son capaces de sentirlas, y las clarividentes pueden ver-
las. Dos personas que se quieran mucho pero que no lo demues-
tren cuando se encuentren en presencia de otros pueden creer
que están ocultando su conexión mutua, pero el lazo que los
une se puede sentir o se puede ver videncialmente.

Cuando una persona casada empieza a enviar energía a una
tercera persona, su cónyuge puede advertir que le falta algo;
puede sospechar que se está tramando una aventura amorosa, o

puede sentir una sensación de pérdida sin saber por qué. El motivo es la reducción del flujo de la conexión de energía de la pareja.

En el matrimonio o en las amistades íntimas, los vínculos estrechos pueden ser muy beneficiosos y reconfortantes. Cuando existen conexiones a todos los niveles de chakras, los miembros de la pareja tienen una sensación de unión y de encajar verdaderamente el uno con el otro. Las relaciones personales en las que existe un flujo fácil y contactos fuertes tienen más probabilidades de durar. Pero la intensidad puede ser abrumadora. Un vínculo demasiado fuerte puede representar una pérdida de individualidad. Algunas veces, una de las personas adopta características de la otra. Éste es uno de los motivos por el que debemos tener cuidado de con quién mantenemos nuestros contactos más profundos.

En ocasiones, un padre se siente más unido o quiere más a un hijo que a los demás. Esto puede remontarse a una relación fuerte en una vida anterior, o bien a una compenetración de la energía de los chakras en esta vida. Incluso cuando el progenitor intenta tratar a todos sus hijos por igual, los otros hermanos suelen notar cuál es el que recibe mayores atenciones energéticas. Pueden insistir en que el progenitor quiere más al otro hijo cuando en realidad sólo existe una conexión de energía más fuerte. Estas conexiones pueden cambiar, y de hecho cambian a lo largo de la vida. Los sentimientos negativos entre las personas suelen manifestarse en forma de conexiones de odio entre sus chakras del bazo o del ombligo.

Ejercicio. Cierre los ojos. ¿Con quién mantiene vínculos psíquicos? ¿Son negativos o positivos? ¿Cuáles son sus vínculos con los chakras de la otra persona? ¿Lo agotan a usted estos vínculos, o lo refuerzan?

El carisma y las personas de alta energía

Las personas carismáticas tienen campos fuertes de energía que pueden utilizar de formas positivas o negativas. ¿Ha oído alguna vez hablar a un orador disfrutando a fondo de sus palabras, para preguntarse más tarde cómo pudo estar de acuerdo con las ideas de esa persona? Había caído bajo el «hechizo» de esa persona, sintiendo una energía carismática mientras permanecía en su presencia. Los grandes oradores pueden transmitir la esencia de su mensaje a través de su energía y conmover verdaderamente a sus oyentes, llenándolos a veces de inspiración. Los grandes actores y actrices hacen lo mismo. También lo hacen los timadores expertos. La persona carismática tiene la habilidad de enviar desde diversos chakras energías que pueden obstaculizar los chakras de los demás.

Algunas veces se encontrará con que otras personas le barren la mente con sus energías poderosas. Puede sentirse incapaz de responder a la persona, de pensar con claridad o de verbalizar sus pensamientos. Se siente indefenso. Las personas de este tipo suelen enviar energías muy poderosas desde el tercer ojo (entre las cejas) o desde el quinto ojo (en el centro de la frente). Si se encuentra con que le está sucediendo esto, envíe energía por su tercer o quinto ojo, por el que le parezca más adecuado, y haga que se encuentre a mitad de camino con la energía de la otra persona; así evitará que se desordenen sus pautas de pensamiento. Si le resulta difícil seguir o comprender a un orador, envíe suavemente energía por su quinto ojo.

Algunas personas carismáticas están tan llenas de amor y de paz que parece que ellas solas cambian las vibraciones por donde pasan. Las demás personas pueden sentir el efecto elevador de sus energías por el simple hecho de encontrarse en su presencia.

Los obstáculos en los chakras

Un flujo fuerte de energía procedente de un chakra determinado de otra persona puede obstaculizarle a usted el mismo chakra. El hecho de estar junto a otra persona muy irritable y alterada puede obstaculizarle; usted se irrita y se altera. Puede interesarle enviar tranquilidad por su chakra del ombligo para contrarrestar las energías de la otra persona. También puede descubrir que concentrarse en un chakra superior sirve para equilibrar las cosas.

Todos tenemos que procurar que no nos obstaculicen, y tenemos también que vigilar lo que enviamos a los demás. Una persona malhumorada puede alterar a todos los que la rodean, en el hogar o en el trabajo. Los compañeros de trabajo suelen dejar una situación negativa limitándose a marcharse a otro sitio y quejarse de todo ello, sin saber que portan consigo el obstáculo de la negatividad y que la están extendiendo. Un regalo que puede hacer usted a otras personas es dejarles campo libre y no dejarse atrapar por sus estados de ánimo o por sus actos como si usted los provocara; del mismo modo, usted puede sentir sus propios estados de ánimo sin sentirse obligado a obstaculizar a los demás con ellos.

Los niños, sobre todo, pueden obstaculizar a sus padres con sus pensamientos y emociones negativas. Los adultos pueden dejar a los niños que hagan lo que quieran, o no hacerles caso en absoluto, para conseguir que dejen de obstaculizar los chakras. La vida en común provoca una situación en la que todas las personas del grupo tienden a bloquear o a abrir unos mismos chakras. Los niños captan muchas actitudes y sentimientos de sus padres, incluso a nivel subliminal, percibiendo indicaciones de que ciertos chakras deben estar cerrados o abiertos en momentos determinados; sin que nadie se dé cuenta de ello, el niño adopta los modos de sus padres de relacionarse con el mundo.

Todo pensamiento y sentimiento que usted tiene sobre otra persona se convierte en una formación de energía que se dirige a esa persona. Afecta a la persona en algún nivel. Recuerde que cualquier cosa que usted envía hacia fuera acaba volviendo a usted. Se recibe lo que se da.

Si se siente inundado de pensamientos y de sentimientos de los demás, imagínese rodeado de una luz ultravioleta psíquica. Si los sentimientos o los pensamientos se hacen más fuertes, son de usted; si se van disipando, son de otra persona. Usted puede ser consciente, incluso, de la persona que los envía, o ver su cara. Es probable que la persona no quiera hacerle ningún daño. Existen muchos pensamientos y sentimientos descuidados que contaminan nuestra atmósfera.

Lo que hagas a los demás...

Cuando quiera que alguien tenga ciertas energías, como la confianza o la tranquilidad, siéntalas en sus propias energías y normalmente se reflejarán en la otra persona. Algunas veces usted puede enfadarse por la falta de calma o de tranquilidad de otra persona, pero eso sólo sirve para empeorar las cosas.

La claridad

Sentir lo que piensa o lo que dice le ayuda a ser consciente de lo que verdaderamente quiere decir. También le ayuda a transmitir la esencia de su mensaje y le entenderán con más facilidad.

Los parásitos

Las personas con niveles de energía bajos pueden absorber o parasitar inconscientemente energía de los demás. Estas personas no han aprendido a absorber energía del aire que las rodea, y en cambio la extraen digerida previamente por otra persona; o bien están tan alterados emocionalmente o tan debilitados físicamente que no son capaces de extraer energía por sí mismos. Cuando decimos que la extraen «digerida previamente» queremos decir que la energía ya ha sido absorbida por otra persona y transformada en una energía utilizable; es un recurso fácil.

Las personas que sin motivo aparente le hacen sentirse agotado o irritable están parasitando su energía. Cuando le extraen energía, usted se siente debilitado. Puede sentir que su aura se está cerrando. Cuando esto sucede, su energía vuelve hacia usted y su cuerpo se tensa. Quizás empiece a pensar excusas para apartarse de los parásitos. Cuando se haya librado de ellos y su energía vuelva a ser suya de nuevo, puede preguntarse por qué hizo lo que hizo. ¿Pecó de falta de consideración o de precipitación? ¿Debió haberse quedado con ellos? Puede encontrarse con sentimientos de culpa que quizás comprenda mejor conociendo esta dinámica del parasitismo.

Al sentirse agotado, puede interesarle ser consciente del chakra o chakras del que le están extrayendo energía. A continuación podrá decidir si prefiere cerrar el chakra o enviar energía a la otra persona. Compartir energía es un don, y lo que usted da lo refuerza. Pero cuando la persona a la que usted envía energía no se relaja ni cobra fuerzas, usted puede verse obligado a dejar de enviar energía. Algunas veces las personas llegan a depender de las energías de los demás. Cuando usted opta por no enviar energía, intente protegerse llenándose y rodeándose de una luz blanca, deseando conscientemente que su aura sea más fuerte y creando un campo de fuerza contra las influencias agotadoras. Otro procedimiento consiste en imaginarse una pared de vidrio entre el parásito y usted.

Los agitadores

Ciertas personas con chakras muy cargados o desequilibrados pueden buscar situaciones estimulantes, tales como las discusiones, que contribuyen a la liberación de sus excesos de energía. Algunas personas están más a gusto cuando han provocado una conmoción. Sus pinchazos y sus provocaciones pueden estimular su propia energía y liberar sus bloqueos, pero no hacen ningún bien a la otra persona. Otra manifestación de la liberación agitadora es la maledicencia, cargada de juicios de valor. Cuando se encuentre en compañía de otra persona que intenta agitar la situación, intente conservar la calma y no dejarse obstaculizar. Quizás deba cambiar de tema o pedir a la otra persona que no hable mal de los demás en su presencia.

El sexo

La obsesión por los pensamientos o los sentimientos sexuales puede deberse a una apertura excesiva de los chakras sexuales. Sea o no consciente de ello la persona que se encuentra en esta situación, otras personas captan sus energías sexuales, incluso hasta el punto de suponer que le interesa mantener un encuentro sexual. Esto puede conducir a confusiones. En esta situación, asegúrese de que están equilibrados sus propios chakras sexuales, o de que sus chakras superiores están abiertos; así estará menos inclinado a tomar personalmente las cosas.

Algunas veces las personas con energías espirituales muy altas y que tienen bloqueadas las energías sexuales atraen a las personas que tienen bloqueadas las energías espirituales y que tienen altas las energías sexuales. Es la atracción de los opuestos; pero estamos tratando de octavas superiores e inferiores de una misma energía, y puede suceder que las energías muy espirituales de una persona provoquen respuestas sexuales por parte de otra. Busque protección llenándose y rodeándose de una luz resplandeciente y sintiendo equilibrio por todo su cuerpo. Las relaciones personales y sexuales son mejores cuando todos los chakras están equilibrados, abiertos y fluyen bien.

Los bloqueos

Pasamos una gran parte de nuestras vidas manteniendo relaciones personales, rodeados de la energía que envían otras personas. Son importantes tanto el modo en que recibimos las energías de los demás como el modo en que los demás reciben las nuestras. En compañía de otra persona cuyos chakras estén bloqueados, usted se puede sentir cerrado, como si aquella persona no quisiera saber nada de usted. Puede que no sea así, ni mucho menos. A la persona le puede interesar mucho relacionarse con usted, pero está tan acostumbrada a tener bloqueados los chakras que la idea de abrirlos junto a usted le parece temible; en esta situación las relaciones personales pueden ser tensas y estar cargadas de miedos.

Cuando usted desee estar más abierto, sienta sus chakras relajados, abiertos y receptivos ante las energías de los demás. La apertura produce beneficios muy positivos: sentimientos de conexión, de fuerza, de cariño, o de no estar solos en el mundo. Cuando usted quiera que los demás sean más receptivos con usted, deje salir sus energías de una manera tranquila. No las fuerce, pues la persona que las recibe puede sentirse bombardeada.

Comprenda mejor sus chakras: Ejercicio

Cierre los ojos. Imagínese que tiene delante o cerca de usted a una persona importante en su vida. Sea consciente de cómo reacciona su cuerpo ante esta presencia. ¿Qué chakras se abren o se cierran? Se sentirá relajado donde se abren y tenso donde se cierran. Más consciente del movimiento de sus propias energías, podrá tener mayor control de su vida y disfrutar más de ella. Recuerde que las pautas de energía cambian en función de la situación y de las personas con las que se encuentra.

Capítulo **12**

Los chakras y la curación

Introducción

La energía que entra o sale de los chakras afecta a los músculos, al sistema nervioso y a las glándulas. Afecta, en suma, a todo el sistema; y así, un chakra bloqueado puede producir problemas en todas las zonas que lo rodean. Con los chakras abiertos y fluyendo, la persona se sentirá vibrante y resplandeciente, dispuesta a amar plenamente. Pero con los chakras bloqueados parcialmente o por completo, la persona no tiene acceso pleno a su energía, lo que le produce confusiones, depresiones, sensación de estar descentrada, o un marasmo general. Las energías pueden bloquearse por tensar los músculos, por malas posturas, o por retener la energía en los chakras.

Los colores vibrantes en un chakra indican armonía y desarrollo. Las zonas apagadas o grises y oscuras en parte de los chakras indican problemas, ya sean de falta de desarrollo, de negatividad, de miedo a relacionarse con el mundo, o bloqueos físicos, emocionales o mentales. Usted puede advertir que algunos chakras son mucho más activos que los que los rodean; las personas pueden dar una importancia excesiva a un chakra determinado y alimentarlo quitando energía a los chakras circundantes. Esto produce enfermedades. Por otra parte, bloquear un chakra produce una congestión en toda la zona; bloquear los chakras sexuales, por ejemplo, por miedo a la energía sexual, puede bloquear toda la zona del bajo vientre, retrasando todas sus funciones.

La oscuridad en una parte del chakra puede indicar negatividad, bloqueo de energía o pétalos poco desarrollados.

Las personas que tienen mala autoimagen tienden a absorber la energía hacia dentro, sobre todo la energía negativa, pues la mala autoimagen es negativa. Pueden, incluso, absorber las enfermedades de los demás.

Un exceso de energía no asimilada (y, por lo tanto, no utilizada) puede producir una poderosa sensación de inercia, de falta de vida, o depresión, o un sentimiento de atasco, de falta de energía para salir adelante. La inquietud, la irritabilidad, y la enfermedad o la ineficacia componen la pauta básica de este estado. Los proyectos creativos, el ejercicio físico y la meditación contribuyen a asimilar y a utilizar la energía bloqueada.

La apertura al máximo de los chakras

Los chakras pueden «abrirse al máximo» en momentos de tensión, hasta alcanzar incluso un diámetro de treinta centímetros, excesivo para utilizar correctamente la energía. Las aperturas al máximo se producen cuando existe energía incontrolable, y suelen afectar al corazón, al plexo solar y al ombligo. El resul-

tado de la apertura al máximo es la ineficacia del chakra afectado y una liberación tremenda de energía que agota el resto del
cuerpo.

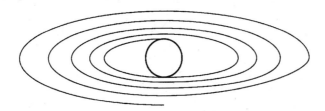

*El círculo en el centro indica el lugar donde debería estar situada la energía
de chakra. Las líneas que lo rodean indican la apertura excesiva que puede
producirse por el miedo, la emoción u otros sentimientos exagerados.*

Intente con el pensamiento hacer volver al chakra a una
posición mejor; si eso no le sirve, puede tener que buscar ayuda
profesional. También puede pasar la mano suavemente sobre el
chakra, a ocho o diez centímetros de altura sobre el cuerpo, volviendo a dirigir hacia el interior del cuerpo el exceso de energía.
Mueva la mano en el sentido de las agujas del reloj o en el contrario, como se sienta mejor.

El dolor

El dolor en un chakra determinado indica que el chakra
intenta abrirse. Intente aplicar un masaje muy ligero sobre la
zona para facilitar su liberación. Si el dolor continúa, déjelo.
Dirija su atención sobre ese chakra, dejando que los pensamientos y los sentimientos acudan a su conciencia y lo abran para
descubrir lo que se ha bloqueado. Cuando llegue la conciencia,
normalmente desaparecerá el dolor o el bloqueo; pero si persis-
ten, no sería mala idea consultar con un médico.

Las enfermedades y las visitas a los enfermos

En las enfermedades puede ser muy beneficioso recibir energía de un visitante, sobre todo cuando es tranquila. Tanto la persona enferma como el remitente se cargan de energía en el proceso. Es una bonita colaboración. No obstante, existen ocasiones en que un visitante desprevenido e inconsciente llega a captar energía de la persona enferma, empeorando su situación.

A la persona deprimida puede resultarle beneficioso recibir la energía elevadora de otra persona, pero esto también puede impedirle trabajar ella misma con las energías que la deprimen. Un conocimiento general de las energías y de sus flujos le ayudará a comprender el modo de utilizar sus propias energías de manera eficaz para otras personas.

Cuando visite a un enfermo, es mejor estar tan curado y tan íntegro en su propio cuerpo como le sea posible. El flujo entre la persona indispuesta y usted debe ser natural. Deje siempre que la energía fluya como lo desee; si se pretende empujarla o dirigirla demasiado, se convierte en pequeñas agujas, en una fuerza más dañina que curadora.

El ejercicio puede ser muy útil para reforzar su cuerpo contra la enfermedad. Con todo, no olvide que los ejercicios duros y agotadores (que forman los músculos mayores) tienden a causar bloqueos, mientras que la danza, la natación, el yoga o el tai chi tienden a equilibrar y a liberar el flujo de los chakras.

La curación por los chakras en Lemuria

En Lemuria, el curador extraía energía del chakra del paciente relacionado con la enfermedad, la introducía en su cuerpo, la convertía en energía positiva y la volvía a enviar al interior del paciente a través de un chakra más alto. Si, por ejemplo, se reflejaba un problema en el chakra del ombligo, el curador absorbía energía de ese punto, la curaba y volvía a enviarla a través de su chakra del corazón hacia el chakra del corazón del paciente para hacerla bajar a la zona del ombligo, sustituyendo a la energía anterior. La clave consiste en devolver energía al chakra curado, que de otro modo podría atraer más enfermedades; esto también protege de la enfermedad al curador.

Los masajes y las manipulaciones corporales

Los masajes y otros tipos de manipulaciones corporales son excelentes para equilibrar las energías por todo el cuerpo y para permitir el flujo adecuado de los chakras. Es difícil relajarse mientras se aplica a fondo un masaje sobre el propio cuerpo.

El Samadhi

Samadhi es una palabra sánscrita que significa «uniformidad» y que describe el equilibrio entre las fuerzas internas del cuerpo y las fuerzas que rodean el cuerpo. Busque el Samadhi en los chakras que no fluyen correctamente. Algunas veces, respirar con un aliento plano (con un aliento que se siente plano al subir y al bajar por la parte delantera del pecho) nos ayuda a producir la sensación de uniformidad. Puede ser útil llenar el chakra de un color azul lavanda, o simplemente se puede pedir sentir el Samadhi. El trabajo por sentir el Samadhi aporta paz y quietud interiores, facilitando el desarrollo y la curación. Cuando se busca el Samadhi es mejor empezar por uno de los chakras del corazón, pasando de allí a la pauta que se desee.

Las piedras, los minerales y la curación

Las energías de las piedras y de los minerales tienen un efecto claro sobre los chakras, produciendo curación o despertar. Experimente con diversas piedras y minerales para descubrir cuál es el que le atrae. Colóquelos sobre diversos chakras y observe sus reacciones energéticas. Existen muchos libros sobre el uso de los cristales naturales y de los minerales para la curación o para despertar los chakras.

El resplandor

Es difícil mantener un nivel saludable. El cuerpo tiende a desviarse hacia la enfermedad o la debilidad, o bien hacia el resplandor; tiene que existir movimiento en uno de los dos sentidos. El resplandor, que significa vitalidad y apertura, es preferible a la enfermedad, sin duda, pero para conseguirlo hay que mantener un buen flujo de energía a través de todo el cuerpo. Piense en las cosas que le ayudan a mantener el cuerpo más resplandecientemente vivo. En su lista pueden figurar el ejercicio, la alimentación, la alegría, oler las flores, el amor... todo tipo de cosas. Mantenga al día su lista y añádale elementos de vez en cuando; intente realizar cada día alguna de las actividades de la lista. A la larga, acabará haciendo de manera natural aquello que lo mantiene resplandeciente.

Algunos libros útiles sobre las piedras y los minerales son los siguientes:

Baer, Randall N., y Vicki Vittitow Baer: *Windows of Light*. Harper and Row. Nueva York, 1984.

Fernie, William T., doctor en Medicina: *The Occult and Curative Powers of Precious Stones*. Rudolf Steiner Publications. Nueva York, 1973.

Gurudas: *Gem Elixirs and Vibrational Healing* (dos volúmenes). Cassandra Press. San Rafael, California, 1985 (vol. I) y 1986 (vol. II).

Kunz, George Frederick: *The Curious Lore of Precious Stones*. Dover. Mineola, Nueva York, 1970.

Raphaell, Katrina: *Crystal Healing*, vol. II. Aurora Press. Santa Fe, Nuevo México, 1987.

Capítulo 13

El karma

Introducción

Lo que es arriba es como lo que es abajo.
Como siembres, recogerás.
A cada acción le corresponde su reacción.
Los vacíos tienden a llenarse.
Todo cambia.
Da, y recibirás.
Las polaridades tienden a equilibrarse.

Karma es una palabra sánscrita que quiere decir: «la reacción sigue a la acción». Quiere decir que lo que se envía, se acaba recibiendo de nuevo. Algunas personas pueden asustarse tanto de este concepto que no se atreven a hacer nada: las «reacciones» de sus errores pueden ser insoportables. Pero dejar de actuar cuando la vida y el desarrollo nos exigen actuar puede producir un problema igual de grave. La intuición es una gran ayuda para saber cuándo se debe actuar o reaccionar y cuándo no. Alivie sus dudas, alcance la claridad y libérese de las tensiones que agravan el karma llenándose a sí mismo y a toda la circunstancia de amor.

Tenemos la tendencia a colocar al karma desagradable la etiqueta de MALO y al karma agradable la de BUENO. En realidad, el karma no es ni bueno ni malo. Puede ser doloroso, pero también fomenta el desarrollo. Se habla de «buen karma» para describir una situación llena de cosas buenas; pero el problema de desear un «buen karma» es que usted se puede meter en situaciones extrañas o difíciles simplemente para que alguien le entregue algo de «buen karma» y le saque de ellas. El karma no siempre puede ser conveniente, y caer en hacer cosas buenas sólo para recibir el bien es a veces como empezar la casa por el tejado. Lo que hacen las situaciones kármicas es ayudar a las personas a comprender las leyes universales y cómo trabajar dentro de su marco.

Aprendiendo las leyes del karma y trabajando dentro de su marco, usted reduce las posibilidades de crear más karma. Los apegos al yo producen karma casi con toda seguridad. Debemos desarrollar una actitud de desapego, que no es lo mismo que falta de interés; la persona puede llegar incluso a interesarse más y a arriesgarse más mientras practica el desapego. El concepto del karma expresado en el Antiguo Testamento («ojo por ojo, diente por diente») está anticuado. Más iluminados, comprendemos y aplicamos el mensaje de perdón del Nuevo Testamento, que supone liberar energías kármicas. Simplemente por comprender lo que hace, lo que siente o lo que piensa, libera energía kármica. Es útil pedir a Dios, a Jesús o a un maestro espiritual elevado que nos facilite esta liberación.

Tras la liberación kármica debemos cambiar, no sea que volvamos a provocarnos experiencias similares por no haber aprendido las lecciones. La energía de las lecciones no aprendidas se transmite a la oportunidad siguiente de aprender la lección, más difícil para entonces.

Los que crean karma pueden estar aprendiendo y evolucionando todavía, pero a una velocidad menor, por un camino más lento. Los que aprenden y utilizan correctamente sus lecciones y no se dejan atrapar por el apego viajan por el camino más elevado y más espiritual. Éstos aplican más comprensión y más cualidades divinas en sus relaciones. Todos debemos pasar por experiencias de aprendizaje para desarrollarnos; son nuestras actitudes y nuestros sentimientos con respecto a estas experiencias las que determinan el modo en que viajamos por el camino. No debemos aplicar la etiqueta de «karma» a todos los problemas, enfermedades o desgracias. Seguimos un proceso evolutivo; recibimos periódicamente energías nuevas para trabajar con ellas, para aprenderlas y para utilizarlas; se trata de un proceso que refuerza nuestras energías y nuestro modo de emplearlas. Esto, pues, no es karma, sino *oportunidades*: de crecer y de desarrollarse.

El hecho de aprender a determinar la diferencia entre el karma y las oportunidades puede hacer variar el modo en que usted actúa o reacciona ante los estímulos. Ante una oportunidad, cuando una situación requiere crecimiento y desarrollo, usted se sentirá EMPUJADO a desarrollarse, a explorar o a ensayar cosas nuevas; puede tener una sensación de abrir nuevos caminos con sus energías, o de llegar más lejos de lo que usted se creía capaz. Pero si la situación es kármica, usted se sentirá confuso y ARRASTRADO hacia la acción, como si formara parte de una obra dramática. Quizás no comprenda entonces, o ni siquiera más tarde, lo que está sucediendo, de modo que lo mejor es que se base en sus intuiciones. Algunas personas se asoman físicamente a estas situaciones para recabar información; otras buscan información en los libros o en los maestros. Cualquiera que sea el medio mejor para usted, es importante que se esfuerce al máximo con él y que recuerde lo que está aprendiendo. Existen ocasiones en las que tiene que aprender formas completamente nuevas de hacer las cosas; por lo tanto, pregúntese a sí mismo: «¿De qué otra manera puedo llevar esta situación?» Puede tratarse de una manera opuesta a su costumbre. El líder puede tener que dejar que otras personas lo dirijan. El seguidor puede tener que asumir el liderato.

El karma de las situaciones y el karma de las actitudes

Existen dos tipos de karma personal: 1) el karma de las situaciones, por el que todo lo que usted ha hecho a otra persona en una vida anterior se lo devuelve con la misma moneda la misma persona en la vida actual; y 2) el karma de las actitudes, por el cual, por ejemplo, toda la ira de las vidas anteriores hacia la vida o hacia los demás afecta a todo lo que hace usted en esta vida actual.

El karma de las situaciones puede alargarse durante muchas vidas; la dinámica sólo cesa cuando una persona se desarrolla lo suficiente para desear cambiar sus acciones o sus reacciones, abandonando así la rueda de esa interacción.

El karma de las actitudes vuelve a atraer la ira, provocando asimismo miedos y preocupaciones. Usted debe hacerse consciente de todas las actitudes que no le hacen ningún bien y esforzarse por liberarse de ellas. Si se llena de amor, hará que todos sus actos se filtren por el amor. La mejor solución es un equilibrio del bien para todos los que intervienen; esfuércese por alcanzar situaciones en las que no haya perdedores.

El karma de los demás

La mayoría de las personas se dejan atrapar en algún momento por el karma de los demás. Cuando nos preocupamos demasiado por los demás, o nos entremetemos cuando no debemos, estamos atrapados. En vez de preocuparse, envíe bendiciones. Algunos opinan que jamás debemos procurar intervenir para nada en el karma de otra persona. Por otra parte, existe la actitud cristiana de ayudar a aliviar el karma o los problemas de otras personas por medio de la curación, del perdón de los pecados, de acompañar al otro una milla más, de compartir las cargas y de dar. Personalmente, yo creo en el segundo planteamiento, pero debemos procurar no entremeternos. A muchas personas les gusta intervenir en el karma de los demás para controlarlos, o por sentimientos de culpa; quizás se sientan aburridos o fascinados por las preocupaciones del otro. Su decisión de intervenir debe ir precedida de un estudio apoyado en la intuición y en la oración. El equilibrio es importante. Aquellos cuya Kundalini fluye principalmente por la corona tienden a no entremeterse con los demás. Aquellos cuya Kundalini sale abundantemente por la parte delantera de lo alto de la cabeza (el séptimo ojo) tienden a mantener una actitud de ayuda y de vivir por los demás. Para tener equilibrio y orientación, la energía principal debe salir fluyendo por el chakra de la corona.

Karma de grupo

Los grupos pueden trabajar por el equilibrio tanto como los individuos. Determinar por sí mismo lo mejor para el grupo le ayuda a decidir su nivel de participación. Funcionando desde una conciencia mayor, sabrá si debe aumentar o reducir su interacción y llegará a conocer la finalidad del karma. Debemos tener mayor cuidado que nunca con la participación en el grupo. Para algunos este desafío supone una mayor participación; para otros supone retirarse para realizar su propia labor.

La elección consciente del karma

Antes de nacer a una vida participamos en la decisión de qué karma queremos equilibrar y de qué aspectos queremos desarrollar. Cuanto más evolucionada está una persona, más poder de decisión tiene en esta planificación. Hay personas que decidieron liberar tanto karma en esta vida que el hecho de vivirla los abruma; han tomado un bocado tan grande que no lo pueden masticar con facilidad. Otros pueden tener planes ambiciosos de desarrollo, o eligen la enfermedad como medio para desarrollar la paciencia, la fuerza, la comprensión y el conocimiento de la enfermedad. Una enfermedad puede formar parte del desarrollo total de un grupo; por ejemplo, Hellen Keller pudo elegir su vida para mostrar a los demás cómo pueden funcionar las personas que son sordas y ciegas a la vez.

El aspecto positivo del karma

Las personas pueden aspirar a alcanzar determinadas metas a las que no llegaron en una vida anterior: en las relaciones personales, en la carrera profesional, de crecimiento y desarrollo, viajes, actividades artísticas, o cualquier otra faceta de la vida; la energía de esta aspiración no se ha satisfecho y espera una oportunidad de completarse. Las elecciones de cada uno son influidas hasta cierto punto por este impulso kármico de satisfacer los deseos latentes.

Preparación para la liberación voluntaria de Kundalini

Preparación para la liberación

Es posible conseguir un desarrollo propio de varias vidas en una sola vida liberando más Kundalini sin peligro, asimilándola y utilizándola. Una liberación adecuada requiere tiempo, paciencia y perseverancia.

> *Cuando la liberación se pone en marcha, no cabe volverse atrás. Seguirá adelante por su cuenta. La liberación de Kundalini es un proceso con inteligencia propia y con su propio objetivo: la mezcla con lo espiritual en el chakra de la corona, la danza de Shakti y Shiva.*

Cuanto más preparado esté su sistema, más fácil será la liberación y más rápidamente se asimilarán las energías para aumentar todos los niveles de capacidad. Muchas personas sienten la vocación de emprender esta vida, pero no todas disponen de maestros cualificados para orientarlas. Muchas personas trabajan con la Kundalini conociéndola sólo de manera esquemática. La mayoría de las fuentes son orientales; no siempre es fácil entenderlas, y están dirigidas a personas que han dedicado sus vidas enteras al desarrollo espiritual. En Occidente, aunque fuéramos capaces de separarnos de la vida, no solemos disponer del tiempo necesario para ello y nos dedicamos a quedarnos en el mundo y a introducir en él lo espiritual.

Muchas personas se han iniciado en el trabajo con los chakras sin estudiar los nadis, las glándulas y el sistema completo.
Si usted se limita a trabajar con los ckakras, es como si estudia-
ra únicamente las ruedas de un vehículo. Son importantes, pero
¿qué me dice del resto?

Es muy importante cuidar el cuerpo físico antes, durante y
después de la subida de la Kundalini; es nuestra máquina viva, a
través de la cual expresamos y recibimos. Alcanzamos niveles
superiores de evolución sólo cuando nuestro cuerpo lo permite;
cuando el cuerpo nos falla nos sentimos encerrados o atrapados
en él. En vez de escaparnos del cuerpo, tenemos que aprender a
llevarlo con nosotros. Un cuerpo transformado aporta mucha
confianza, libertad y alegría. (En el capítulo 2 se presentan
sugerencias sobre cómo cuidar el cuerpo. Si usted duda de que
su cuerpo esté preparado para una liberación ulterior de Kundalini, consulte en esas páginas el modo de prepararlo mejor.)

Ejercicios para la liberación adicional de Kundalini

Revitalización de las células

Túmbese cómodamente sobre la espalda. Practique la respiración profunda y tranquila durante algunos minutos; después,
realice varias respiraciones completas. Con los ojos cerrados,
visualice una energía dorada que entra en cada célula a través
de la respiración, viajando hasta cada célula con la energía
dorada. SIENTA verdaderamente que esta energía entra en cada
célula.

Recibir energías del universo

La tierra forma parte del universo y, como tal, recibe sus
energías en todas sus diversas frecuencias. Medite sobre ello
mientras practica la respiración profunda y tranquila. Pida a las

energías del universo que equilibren el sistema, que modifiquen las frecuencias excesivas y que aporten las que faltan. Visualice que las energías se equilibran. Visualice también cómo se abre usted más a los factores nutritivos de los alimentos y del universo. Las energías que usted recibe a través de los alimentos se han transmutado en las diversas energías necesarias para su sistema. Al ir aumentando la población del mundo, será muy beneficioso conocer el modo de aprovechar directamente estas energías en lugar de recibirlas transmutadas a través de los alimentos. Ya hacemos esto con la vitamina D del sol. Las personas que reciben sus energías a través de la respiración y de la absorción del universo se llaman «respirarianos».

El cuerpo físico, como máquina viva que se nos ha entregado para aprender a utilizar la energía y sus diversas frecuencias, es extremadamente importante para nuestra evolución. Cuando comprendamos plenamente esta verdad, ya no necesitaremos nacer dentro de cuerpos; seremos capaces de utilizar directamente la energía del universo sin la ayuda de una máquina de vivir (el cuerpo) que transmute la energía a diversas frecuencias para diversos fines.

Reconstrucción de las células

Las vitaminas y los minerales no son más que frecuencias de energía que el cuerpo necesita para su desarrollo y su funcionamiento pleno. Cuando estas necesidades no se cubren, por una alimentación inadecuada o por la propia incapacidad del cuerpo para asimilar la energía de los alimentos, deben encontrarse medios alternativos. Algunas necesidades se cubren induciendo estados emocionales o mentales de una frecuencia que se corresponde con la de la vitamina o el mineral que le falta al cuerpo; pero esto es duro para el sistema: le roba tanto como puede sustituir. Otro método consiste en transmutar una cantidad de energía excedente a la frecuencia que se necesita para cubrir la deficiencia; para hacerlo bien, no obstante, usted necesita conocer las frecuencias y conocer el modo de trabajar con ellas. Un tercer método consiste en tomar directamente del universo la frecuencia adecuada para su sistema. *Los dos primeros métodos no son recomendables para los principiantes por su dificultad.* El tercero es una práctica excelente, sea o no adecuado el régimen alimenticio, pues suscita las vibraciones espirituales y nos enseña a recibir directamente las energías del universo.

Los estiramientos

Éste es uno de los ejercicios mejores y más sencillos que tenemos a nuestro alcance. Usted debería encontrar el tiempo suficiente para estirarse a fondo antes de dormirse, al despertarse, y en diversos momentos del día. Los estiramientos, practicados antes de la meditación, unifican el Yo y el Cuerpo, preparándolos para asimilar posteriormente los conocimientos. También liberan los bloqueos.

Limpieza de la cabeza

Sacuda suavemente la cabeza varias veces; después, gírela lentamente sobre el cuello. Imagínesela o visualícela limpiada y refinada por una lluvia de energía dorada (de Kundalini/mental). (Un brillo plateado indicaría una esencia más espiritual.) Alterne estos dos colores, o, por lo menos, equilíbrelos, para no desarrollarse de manera desequilibrada. Continúe el ejercicio imaginándose que la respiración le sube a la cabeza, nutriendo todas las células. Lo ideal es que, a continuación, salga al aire libre y aumente su visión en los aspectos videncial y espiritual de su cerebro contemplando el paisaje o el horizonte.

Liberación de zonas bloqueadas

Contracción del vientre. Este ejercicio sirve para liberar las zonas sexuales, del ombligo y del plexo solar. Tiéndase en el suelo en decúbito supino (boca arriba), y levante las rodillas hasta el pecho, sin dejar de tocar el suelo con la parte baja de la espalda. Tense los músculos del vientre todo lo que pueda, desde la región púbica hasta la caja torácica, y de un lado al otro. Después, baje lentamente las piernas hasta tenerlas extendidas, sin arquear la espalda. Procure mantener la espalda y el cuerpo tan relajados como le sea posible. Mantenga esta contracción muscular mientras respira profundamente diez veces. Haga subir la energía de esta zona, hasta que salga por la parte superior de su cabeza. Practique este ejercicio hasta que sea capaz de mantener la contracción durante veinte respiraciones. Así liberará el exceso de Kundalini de estas zonas, ayudándolo a subir por la columna vertebral. También ayuda a dominar los estados emocionales. Basta con practicarlo una vez al día hasta que la zona se sienta limpia; conseguido esto, practique el ejercicio cuando lo sienta necesario.

Liberación de la zona del tórax. Algunas veces, usted puede sentirse muy deprimido en la zona del tórax, hasta llegar a sentir, incluso, que se ahoga, que es incapaz de soportar todas las vibraciones. El ejercicio siguiente puede aliviarle. Inspire y espire profundamente, dilatando toda la cavidad torácica, por delante, por detrás y por los lados. Visualice la entrada de *prana* con su aliento, que sale por la piel para cubrir todo su cuerpo, desde la parte superior de la cabeza hasta los dedos de los pies y de las manos. Procure tener relajado el cuello. Deje que el *prana* calme los nervios de su piel.

Liberación de la zona del cuello. Póngase cómodo, con el cuello recto y con la cabeza tan alta y tan recta como le sea posible sin incomodidad. Doble la lengua hacia atrás en la boca; manténgala así durante cinco respiraciones, centrando la atención sobre el chakra de la corona. Mantenga plenamente relajado el cuello. Aumente gradualmente el número de respiraciones hasta que pueda mantener la posición durante quince respiraciones con comodidad. Basta con realizar el ejercicio una vez al día hasta que tenga limpia la zona; después, practique el ejercicio cuando lo sienta necesario.

Liberación de las glándulas. La Kundalini y los chakras afectan a las glándulas; el exceso de energía provoca un incremento de la actividad glandular, así como problemas físicos, si las glándulas están bloqueadas. Muchas personas, por diversos motivos, tienen bloqueadas o tensas las zonas que rodean a las glándulas, reduciendo su eficiencia. El ejercicio siguiente está pensando para que sus glándulas estén más sanas y funcionen mejor. Las primeras veces que lo practique puede quedarse muy pesado y cansado, en función de la cantidad de energía que libere. Concédase un tiempo de descanso y practique después la meditación abierta. No es malo trabajar dos o tres zonas cada vez, pero equilibre la energía general para no provocar una sobrecarga. Basta con practicar el ejercicio una vez por semana para todo el sistema; más tarde, practíquelo sólo cuando se encuentre bloqueado o cuando lo desee.

Visualice sucesivamente cada glándula, empezando por las inferiores y terminando por la pineal, sanas y funcionando bien, con la zona que las rodea libre de tensiones y de bloqueos. Al final del ejercicio rodee todo el cuerpo de una luz dorada durante algunos minutos.

Los nervios

Los nervios son extremadamente importantes cuando la persona está tratando principalmente con energías espirituales o de Kundalini. Ambas energías se manifiestan a través de los nervios, impulsándolos a dilatarse y a recibir aún más energía, potenciando así nuestra conciencia. En algunas ocasiones sentirá que tiene los músculos en carne viva, y se encontrará tenso e irritable. Entonces deberá interrumpir estos ejercicios, o por lo menos limitarlos; quizás estuviera teniendo tanto éxito en sus meditaciones que estaba introduciendo demasiada energía de 220 voltios en sus nervios para 110 voltios. Es fundamental calmarlos y dejar que se pongan al día.

Calmar los nervios. Imagínese que está tumbado en una playa. La marea va subiendo; le lava suavemente toda la tensión y toda la negatividad, y se la lleva al agua para que se limpie en el mar de la vida. Repita el ejercicio hasta que tenga todo el sistema lleno de una sensación tranquila y pacífica.

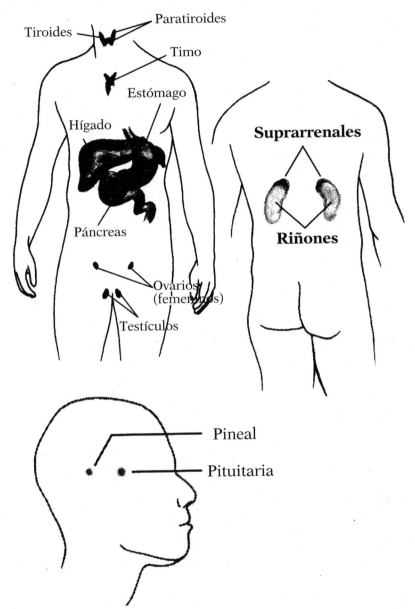

Situación de los órganos y las glándulas.

KUNDALINI Y LOS CHAKRAS

ditación cromática. Algunas veces a sus nervios les falta
a de las partes que componen la luz blanca. Piense en las
terminales de sus nervios por todo su cuerpo; imagíneselos llenos de una luz roja y de amor (el amor no saca a la luz frustraciones antiguas); después, de una luz naranja, de una luz amari-
lla, de una luz verde, de una luz azul, y de una luz morada, terminando por una luz blanca resplandeciente que llena las terminales de sus nervios. Muchas veces descubrirá que uno de los
colores se apresura a entrar en los nervios; entonces sabrá que
le faltaba ese color.

Visualización. Una manera excelente de nutrir y de formar
sus nervios es contemplar colores o visualizar sus colores prefe-
ridos. Puede utilizar luces de colores para modificar la energía
de color de su zona.

Los nadis

Así como los nervios dan energía a nuestro cuerpo físico, los
nadis dan energía al nivel mental superior y al espiritual. Los
nadis son como canales nerviosos de un carácter más sutil y etéreo. Existen muchos millares de nadis, y son muy importantes
como vehículos para la entrada y la circulación en el sistema de
la fuerza vital (*prana*). Éste es un aspecto importante de la experiencia Kundalini, pues el *prana* libera y activa la Kundalini. La
Kundalini se desplaza a través de estos nervios etéricos, refinando y vivificando todo el sistema, y proporcionándonos energías
mentales y espirituales superiores. Los tres nadis principales
(ilustración en color número 3) son el *Sushumna* (esencia espiritual), que sube por el centro de la columna vertebral; el *Ida*,
que tiene polaridad femenina (negativa en el sentido eléctrico
del término), y el *Pingala*, con polaridad masculina (eléctrica-
mente positiva). El Ida y el Pingala comienzan a ambos lados de
la base de la rabadilla y se enroscan de un lado a otro de la zona
espinal (como las serpientes del caduceo de Hermes). Se cruzan
en la base del cráneo, se vuelven a cruzar sobre la nariz y termi-
nan a los dos lados de la base de la nariz.

Detalle del Ida *y el* Pingala *a los lados de la nariz.*

En una buena liberación de Kundalini, la fuerza principal sube por el Sushumna, y las fuerzas menores suben por el Ida y por el Pingala. Cuando el Ida recibe una liberación excesiva, usted sentirá un exceso de energía en los cuerpos emocional e intuitivo, que produce tendencia al llanto, a comer demasiado, escalofríos y dificultad a la hora de mantenerse caliente, y tendencia a dejarse atrapar por cuestiones emocionales y compasivas. Cuando el Pingala recibe una liberación excesiva, usted puede experimentar anomalías en los niveles mental y de la voluntad/espíritu: ráfagas de calor, problemas de sueño, incapacidad de comer, imágenes mentales excesivas (normalmente de formas geométricas y de luces), o sonidos videnciales o espirituales.

Ejercicios de equilibrio para el Ida o el Pingala sobrecargados. Visualice el extremo de su rabadilla (donde se conecta la Kun-

dalini con el Sushumna), libre de tensión y abierto para recibir
el flujo de la Kundalini. Después, visualice la parte inferior
izquierda de la rabadilla, donde empieza el Ida, abierto y libre
de tensión. A continuación, visualice la parte inferior derecha
de la rabadilla, donde empieza el Pingala, libre de tensión y
abierto suavemente. (Si le resulta difícil la visualización, utilice
su imaginación: la energía también sigue a ésta.) Visualice o
imagínese que la mitad, aproximadamente, del flujo de la Kundalini entra por el Sushumna y que sube por la columna; repar-
ta la otra mitad a partes iguales entre el Ida y el Pingala. Deje
que la Kundalini del Sushumna suba por la columna y salga por
la parte superior de la cabeza, para mezclarse con la energía
divina y volverse a derramar como una lluvia sobre el cuerpo.

Seguidamente, haga subir la energía Kundalini por el Ida y
por el Pingala. La energía del Ida saldrá por el lado izquierdo de
la base de la nariz, y la energía Pingala saldrá por el lado derecho; deje que esta energía se mezcle con el aire que inhala, que
entre en los pulmones y que se desplace por todo el cuerpo para
refinar y elevar las células. Algunas personas sienten un picor
excesivo en las aletas de la nariz durante esta liberación de Kundalini; la mezcla de energía del Ida y del Pingala con el aire que
se inhala aliviará hasta cierto punto esta sensación (puede bas-
tar con cinco o seis respiraciones). Como variante, haga subir la
energía Kundalini del Ida y del Pingala (en la base de la nariz)
al interior de la cabeza con una inspiración, y visualice o imagínese que limpia y refina el interior de la cabeza. Puede disipar el
exceso de energía por la nariz o haciéndolo irradiar de toda la
cabeza.

Si usted recurre a un maestro cualificado de Kundalini para
que le equilibre el flujo de Ida y Pingala, recuerde que es esencial que usted acabe aprendiendo a controlar y a mover por sí
mismo la energía para no depender de otras personas para equilibrarla.

Masaje. Los masajes corporales completos liberan el exceso
de energía y facilitan el mejor equilibrio y flujo de energía.

Limpieza de los nadis. Póngase cómodo, preferiblemente con
la espalda y el cuello rectos. Respire profunda y tranquilamente

durante algunos momentos; después, realice dos respiraciones completas. Visualice los nadis, advirtiendo si alguna zona aparece oscura o turbia. Llénese a sí mismo de un brillo plateado, dejando que se limpien todos los nadis. Preste atención especial al Sushumna en la columna vertebral, y al Ida y al Pingala que se alternan a los lados de la columna.

La danza de los nadis. Ponga un fondo de música primitiva o de la danza del vientre (la música de este tipo fomenta la liberación de la energía evolutiva). Piense en la fasces superficial, la región que está inmediatamente por debajo de la piel que cubre todo el cuerpo; deje que se sienta viva y que dirija su danza. Mientras baila, visualice o imagínese los millares de nadis de todo su cuerpo, relucientes y plateados. Sienta que se ilumina su energía evolutiva. Puede bastarle con cinco o diez minutos, pues este tipo de danza es muy potente. Después de la danza, tiéndase y entre en un estado de meditación abierta. Para asegurarse de que se encuentra en una vibración superior, piense que está flotando.

Quizás no llegue a sentirse completamente preparado, pero no se fuerce a sí mismo; preste atención a su propio impulso de seguir adelante. Usted es el mejor juez de su propia situación. Confíe en sí mismo. Cuando haya hecho subir algo de Kundalini, siempre podrá volver a los ejercicios anteriores para seguir trabajando, y puede hacer muchas otras cosas para potenciar su desarrollo general.

Capítulo **15**

Métodos para la liberación voluntaria de Kundalini

ADVERTENCIA

Los ejercicios de este capítulo pueden ser peligrosos para la salud del estudiante. Es preferible trabajar con un maestro de Kundalini preparado. Soy consciente de que esto no siempre es posible, y de que algunas personas se sentirán impulsadas a liberar más energía. Pero le ruego que sea prudente. Está tratando con energías muy poderosas.

Es probable que me convierta en blanco de críticas diversas por proponer estos ejercicios para la liberación de Kundalini sin supervisión. Pero muchas personas pueden trabajar por su cuenta si aplican el sentido común y una prudencia razonable. Como hemos dicho antes, la era de Acuario es una época en que la información que antes se consideraba secreta y sólo accesible por parte de unos pocos escogidos ahora se pone al alcance de todos. En esta nueva era, la decisión parte, y debe partir, del individuo. Cuando usted decida seguir adelante y trabajar para alcanzar una liberación mayor, no se apegue a ella ni le tenga miedo. El apego y el miedo son fuerzas que actúan en contra de la liberación sana. No tenga miedo a la energía, pero sí respeto.

Después de haber leído los capítulos interiores y de haber practicado sus ejercicios, puede sentirse preparado para liberar más Kundalini. En ese caso, este capítulo le ofrecerá ideas y ejercicios. PERO si usted es de esas personas que se saltan los principios de los libros, incluido éste, si no tiene intención de hacer los ejercicios anteriores a este capítulo y lo único que le interesa es liberar más Kundalini, le haré esta advertencia: *Dedique el tiempo necesario a leer y a estudiar los capítulos anteriores y a realizar sus ejercicios; de lo contrario, se arriesga a sufrir problemas, leves o traumáticos.* La liberación de más Kundalini siempre tiene algún peligro. Si los ejercicios anteriores le han dado buen resultado, y si su vida está bastante bien asentada, el peligro es mínimo.

La Kundalini es diferente en cada persona. Quizás no advierta usted demasiados cambios; o puede apreciar cambios después de uno o dos ejercicios; algunas personas están más dispuestas que otras. Si usted ha practicado mucho la limpieza, la liberación de nueva energía es más rápida y más fácil. *Las personas que han consumido drogas duras pueden experimentar una liberación excesiva al principio; deberán adoptar precauciones extraordinarias.* Algunas personas no son conscientes de ningún movimiento de energía; esto no quiere decir que no se produzcan. Antes de repetir un ejercicio, espere a estar seguro de haber asimilado todo lo que haya liberado.

Cuando sea consciente de la sensación que producen las diversas energías, y cuando sea capaz de trasladar la energía de un lugar a otro, estará en mejores condiciones para controlar la liberación adicional. *Cuando se ha liberado la energía, no es posible hacerla volver.* La energía liberada puede afectarle de alguna de las tres maneras siguientes:

1) Sube por el sistema, limpiándolo a su paso.
2) Se queda atascada en bloqueos de energía, hasta que consigue abrirse paso.
3) Utiliza su propia energía para volver sobre sí misma; esto es muy peligroso, y provoca riesgos.

Usted puede utilizar durante cierto tiempo la fuerza de la Kundalini para contener la propia Kundalini, pero tal concentración de energía aumenta el peligro de sufrir daños físicos.

Su decisión

Algunos ejercicios pueden parecerle inadecuados para usted. Si un ejercicio le da la impresión de no ser adecuado, no lo realice. Todos somos diferentes, y lo que da resultado para unos no es bueno necesariamente para otros. He preparado una variedad de ejercicios para que usted tenga dónde elegir. Dedique un tiempo a repasar el capítulo 2; muchos de los ejercicios que se describen en él son útiles después de haber liberado más energía.

Nunca practique los ejercicios con el estómago lleno; espere por lo menos una hora después de las comidas. No realice los ejercicios cuando esté cansado, o inmediatamente antes de hacer alguna tarea que le exija mucha concentración. Después de practicar los ejercicios, puede tener una tendencia a volver a vivir enfermedades antiguas; durante la limpieza pueden surgirle recuerdos muy vívidos de enfermedades. También puede volver a vivir antiguas alegrías y traumas mientras éstas se liberan de su sistema. Esto no quiere decir que no le vayan a quedar recuerdos de las experiencias pasadas; sólo quiere decir que se está limpiando el recuerdo, liberando así otro bloqueo de energía. El recuerdo persistirá, pero su repercusión sobre la vida será insignificante; no será más que una parte del pasado.

Deberá mantener la fe en sí mismo y en lo Divino durante la liberación. Algunas veces, durante las limpiezas profundas de la Kundalini, es posible sentirse alienado con respecto del yo, de los seres queridos, de la sociedad y de Dios. Trabaje por mantener una vida y una visión equilibradas durante este periodo. No se deje atrapar por las experiencias. Observe, pero manténgase desapegado. Es más fácil decirlo que hacerlo, pero inténtelo. Puede ser muy útil para usted contar con una persona con la que compartir su experiencia de liberación de Kundalini, sobre todo al volver a vivir las experiencias traumáticas. Cuando aprendemos a trabajar con las nuevas energías nos parecemos mucho a un niño que aprende a utilizar y a usar el nuevo cuerpo que acaba de recibir. Procure no aburrirse con ellas. Búsquese proyectos creativos, tales como llevar un diario o como crear obras de arte, para utilizar su nueva energía de tal modo que ésta no retroceda ni se atasque en su sistema.

Posibles efectos de la liberación de Kundalini

Dolores de cabeza y otros dolores

La mayoría de los dolores de cabeza son provocados por bloqueos y por concentraciones de energía. Si le parece que tiene demasiada energía en la cabeza, deje salir alguna por el chakra de la corona y haga bajar el resto hacia los pies, dejándola salir al suelo. Esto es lo que se llama «conexión con la tierra», y es un medio excelente para liberar las concentraciones de energía. Aplique también un masaje a su cabeza, pues tiende a dilatarse con la liberación de Kundalini.

El dolor es una señal de advertencia, un indicio de que algo anda mal. Si el problema parece ser una concentración de energía o un flujo inadecuado en su cuerpo, acuéstese y llene de una luz dorada el punto dolorido; sienta que la energía se iguala por todo su cuerpo. O bien, puede trasladar la energía de la zona dolorida a otra zona. Si parece que el dolor es consecuencia de una falta de energía, envíele energía dorada. Si el dolor persiste, busque ayuda exterior adecuada. NO TRABAJE POR LA LIBERACIÓN DE KUNDALINI SI TIENE DOLORES CORPORALES; SÓLO SERVIRÍA PARA EMPEORAR EL PROBLEMA.

Durante la limpieza de la liberación de Kundalini, las enfermedades actuales pueden mejorar o desaparecer. Muchas enfermedades son causadas por un exceso de Kundalini, bloqueada en alguna parte del cuerpo y que causa destrozos en el cuerpo. Las personas que siguen un camino espiritual pueden encontrarse con más enfermedades si no han aprendido a manejar la energía extraordinaria liberada en sus sistemas. La sobrecarga puede salir a la luz en forma de problemas en cualquier faceta de sus vidas.

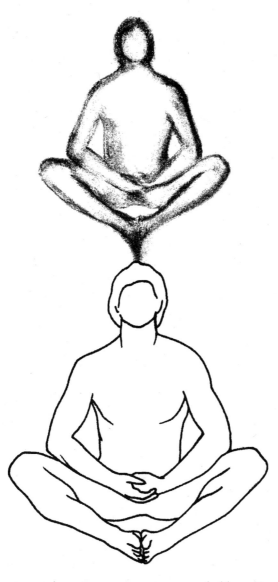

Las experiencias extracorpóreas son comunes con la liberación de Kundali-ni, frecuentemente a través del chakra de la corona. Pero existen otras zonas del cuerpo a través de las cuales se realiza también el viaje.

Otros fenómenos

Durante los ejercicios, y después de ellos, es muy probable que se produzca alguno de los fenómenos que citamos a continuación. Puede tener viajes extracorpóreos mientras está plenamente consciente, o puede tener recuerdos de viajes que ha realizado durante el sueño. Pueden aparecerle o reforzársele dotes videnciales; éstas también pueden disiparse al aparecer otras capacidades. Cuando su limpieza se va completando, sus capacidades le vuelven con mayor fuerza. Aparecerán fenómenos visuales (tales como la visión de auras, de imágenes y de puntos de luz); de hecho, en algunos momentos todo puede aparecer como puntos de luz, formas geométricas, llamas, colores vivos y formas. Puede oír sonidos de la naturaleza, como cataratas, truenos, el mar, el zumbido de las abejas y el viento; o puede tratarse de sonidos musicales, como si vinieran del universo: campanas, flautas, violines, instrumentos de viento o grandes orquestas o coros. Algunas veces oirá también zumbidos.

Observe todas estas cosas y aprenda de ellas, pero no se deje atrapar por ellas. Recuerde que el objetivo es la subida de la Kundalini y su unión con las energías divinas para alcanzar el objetivo final de la conciencia y del conocimiento.

Consideraciones preliminares

Llevar el flujo a la columna vertebral

La Kundalini no siempre produce una sensación de calor al subir por la columna vertebral, sobre todo cuando sólo se liberan cantidades pequeñas. Algunas capas pueden producirle escalofríos en su sistema. Recuerde: las capas exteriores tienen algo de calor, pero las más profundas son las que tienen calor intenso. La subida de Kundalini puede sentirse como un bloque que va subiendo, o como un simple dolor. En los ejercicios, no deje de hacer subir la energía (piense o visualice que sube), y sea consciente de sus variaciones mientras asciende; puede sen-

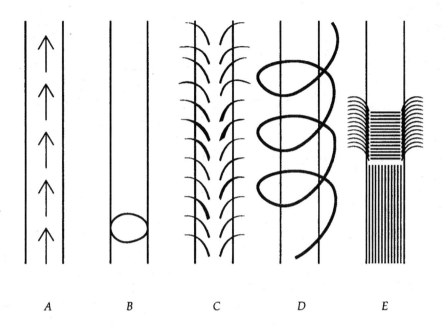

A   B   C   D   E

La Kundalini sube por la columna vertebral de diversas maneras. Éstas son algunas de las más habituales:

A)   *Lo ideal es que suba directamente por la columna, rápidamente a veces, y despacio en otras ocasiones.*

B)   *A veces se siente como un huevo.*

C)   *La energía irradia hacia fuera mientras sube.*

D)   *Si el canal principal está cerrado o bloqueado, puede trazar círculos.*

E)   *Si la energía tiene un bloqueo poderoso, se difundirá por el cuerpo.*

tirla como una corriente eléctrica, o como un rayo; o quizás no se produzca ninguna sensación. En este último caso, no se detenga; si la conciencia no se ha desarrollado todavía, es difícil percibir los cambios a lo largo del movimiento de subida. Normalmente, nos encontramos con alguna diferencia posterior en el yo o en nuestras actitudes.

Si se le presenta alguna circunstancia que le obliga a dejar a medias un ejercicio, vuelva al ejercicio en cuanto pueda. Si no le es posible, dedique aunque sea un momento a difundir la energía por todo el cuerpo. NUNCA DEJE LA ENERGÍA EN UNA SOLA ZONA. Termine siempre las experiencias de liberación de Kundalini mezclando la Kundalini con lo Divino y dejando que se derrame como una lluvia sobre el cuerpo.

Liberación ancha de Kundalini

Algunas personas sienten la liberación espontánea de Kundalini en un haz ancho, más que como una corriente estrecha que sólo sube por la columna vertebral. Esta subida suele ser lo bastante ancha como para sobrepasar los límites corporales, y muchas veces adquiere forma tubular. La liberación ancha puede ser mucho más fácil de manejar que la corriente estrecha, pues no se concentra en una sola zona. Cuando una subida de Kundalini le produce un gran dolor, difúndala introduciéndola «con el pensamiento» en el tubo ancho. Procure hacerla subir por encima de su cabeza para que se mezcle con la energía divina para que se derrame sobre su cuerpo.

Relajar una zona anal tensa

Algunas personas pueden obstaculizar la liberación de Kundalini manteniendo muy tensos los músculos anales. Cuando su seguridad interior o exterior está amenazada, su zona anal, que está relacionada muy estrechamente con los sentimientos de seguridad, será el primer lugar que se pondrá tenso. Siéntese en el suelo e inclínese hacia atrás, apoyándose en las manos. Levante las nalgas del suelo y déjelas caer de nuevo. Repítalo dos o tres veces; después, túmbese y sienta que la zona está relajada y tranquila.

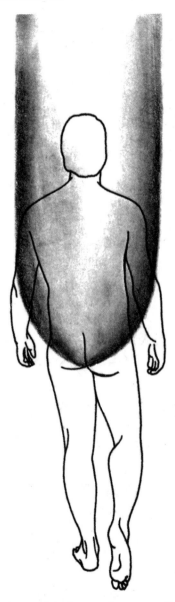

La subida ancha de Kundalini se produce espontáneamente en ciertos casos. Puede liberar presión cuando el cuerpo está agotado o bloqueado. Es preciso tener un buen control mental para dirigirla.

Métodos para la liberación de Kundalini

Técnica de mezclado y lluvia

(Deberá practicarse después de todas las liberaciones de Kundalini).

Deje que la Kundalini se mezcle con la energía Divina sobre su cabeza y que se derrame como una lluvia sobre el cuerpo (ver ilustración en color número 4). Al entrar la energía en el cuerpo, visualice o imagine que limpia y refina todas las células.

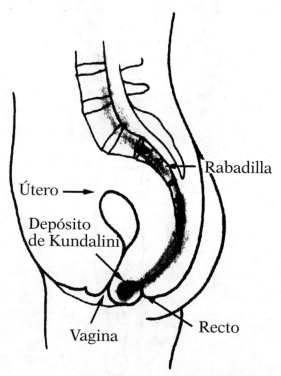

La contracción y la liberación alternativas del depósito de Kundalini puede ayudar a la Kundalini a subir por la columna. Algunas mujeres que han liberado incorrectamente la Kundalini tienen graves problemas menstruales o uterinos, que les llegan a producir histerectomías.

Liberación básica de Kundalini

Túmbese con la espalda y el cuello rectos (sin almohada). (Puede practicar este ejercicio sentado, pero nuestras espaldas «occidentales» no suelen tener la fuerza suficiente para mantenerse erguidas durante todo el ejercicio; al tumbarnos, nos ahorramos la preocupación por mantener erguida la espalda.) Concéntrese en la zona entre el ano y los genitales (el depósito de Kundalini, que se representa en la ilustración). Tense esta zona cuanto le sea posible, y manténgala así durante cinco respiraciones profundas. A continuación, libérela durante cinco respiraciones. Repita esta secuencia tres veces; después, contraiga y libere rápidamente la zona diez veces seguidas.

Visualice o imagine que la Kundalini entra por el final de su columna vertebral y que sale por la parte superior de su cabeza como una voluta de humo blanco grisáceo, energético. Termine practicando la técnica de mezclado y lluvia que hemos descrito anteriormente. La visualización de la energía en forma de voluta de humo reduce la cantidad de Kundalini liberada. Si cree que no ha liberado la suficiente, puede repetir varias veces la parte del ejercicio en que se practica la elevación. El color blanco grisáceo mitiga la fuerza, y es más fácil de manejar por parte de su sistema. Más tarde puede visualizar o imaginar el verdadero color rojo anaranjado de la Kundalini, o puede preferir transmutarlo en plateado resplandeciente.

Liberación basculante

Haga sonar música de fondo durante este ejercicio; la música primitiva o de la danza del vientre son especialmente adecuadas para liberar energía evolutiva (Kundalini). Siéntese sobre un cojín grueso. Realice los siguientes movimientos basculantes del modo que le resulte más cómodo:

1) Hacia delante y hacia atrás.
2) De lado a lado.
3) En círculo.

Visualice o imagine que la Kundalini entra por su columna vertebral, sube y sale por la parte superior de su cabeza. Complete el ejercicio, como siempre, con la técnica de mezclado y lluvia.

Liberación basculante con un compañero. Siga las instrucciones anteriores sentado espalda con espalda con un compañero. Como siempre, utilicen cojines gruesos. Sus nalgas deberán tocarse con las de su compañero.

Liberación a través de los nadis

1)   Visualice el Sushumna, el Ida y el Pingala (los tres nadis principales) puros y limpios.

2)   Visualice o imagine que el prana del Ida y del Pingala vuelven a su fuente, en ambos extremos de la parte inferior de la rabadilla, y que entran después en el depósito de Kundalini, entre el ano y los genitales. Manténgalo allí y acalle su mente. Después de algunos momentos, libere la energía.

3)   Visualice o imagine el prana del Sushumna (en la columna vertebral), y déjelo caer en el depósito. Manténgalo allí durante algunos minutos, con la mente acallada. Después de algunos momentos, libere la energía.

4)   Inspire profundamente, manteniendo el aliento en la zona del corazón durante un momento, mientras visualiza una llama roja con él. Dirija el aliento y la llama a la columna vertebral, y hágalos bajar al depósito. Visualice cómo el aliento y la llama prenden fuego a la Kundalini latente. Contenga el aliento todo lo que pueda, y después suéltelo.

Alternativamente, tense y libere el depósito de Kundalini, impulsando la Kundalini hacia el final de su columna vertebral, haciéndola entrar en el Sushumna, subir por la columna vertebral y salir por la parte superior de la cabeza. Complete el ejercicio utilizando la técnica de mezclado y lluvia.

Como variante, visualice que la energía combinada entra en los millares de nadis, volviendo a entrar sobre todo por el Ida y el Pingala. No se preocupe de la situación de los nadis; están

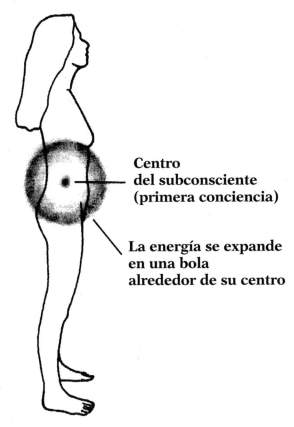

**Centro
del subconsciente
(primera conciencia)**

**La energía se expande
en una bola
alrededor de su centro**

La energía subconsciente se expande en una bolsa alrededor de su centro.

por todo su cuerpo, y el hecho de impulsar con el pensamiento la energía hacia ellos le servirá para encontrarlos. Como otra variante, repita los pasos 1 al 4 en una sola secuencia y continúe el ejercicio como hemos dicho.

Ejercicio de la primera conciencia o subconsciente

Piense en un punto situado aproximadamente a una pulgada (2,5 cm.) por detrás de su ombligo y a una pulgada por debajo del mismo; es la zona de las células de Leyden, el centro de la primera conciencia. (También existe una zona del cerebro que se corresponde con la primera conciencia, pero la zona del vientre es su verdadero lugar de residencia).

Centre su atención sobre la zona de las células de Leyden (ver ilustración). Diríjale la respiración; sienta que la energía se expande, y déjela caer en el depósito de Kundalini. Al liberarse la Kundalini, déjela subir por una torre imaginaria de unos diez centímetros de diámetro, que arranca del depósito de Kundalini y que termina en el chakra de la corona. Complete el ejercicio con la técnica de mezclado y lluvia. Como variante, dilate la energía en un amplio círculo, y, en lugar de la técnica de la torre de diez centímetros, practique la liberación ancha que hemos descrito.

Ejercicio de resoplidos

Puesto de pie, doble ligeramente las rodillas inclinando un poco hacia delante la parte superior del cuerpo. Colóquese las manos en las caderas y, con la boca cerrada, empiece a soplar y a resoplar, como una locomotora de vapor que arrastra su carga subiendo por una ladera, dejando que entre y salga la zona del plexo solar y del vientre. Visualice a la Kundalini subiendo por la ladera (su columna vertebral). Al principio no repita el ejercicio más de unas seis veces; con la práctica, llegue hasta las veinte veces. Como siempre, termine el ejercicio con la técnica de mezclado y lluvia.

Como variante, desplace la energía por los cerebros para limpiarlos y refinarlos antes de hacerla salir por el chakra de la corona; puede visualizar una energía de color dorado. Otra variante (utilícela sólo si tiene un control mental fuerte de la energía) consiste en dejar caer la energía sexual al depósito de Kundalini y hacer subir la combinación por la columna vertebral, dejándola salir por el chakra de la corona.

El Maithuna

El yoga tántrico tiene un ritual para la liberación de Kundalini a través de la unión sexual, llamado maithuna, con preparativos complicados, un largo aprendizaje y un ritual detallado. Su propósito es potenciar las sensaciones sexuales de tal modo que la energía adquiere la fuerza y la intensidad suficientes para despertar la Kundalini.

En la práctica del maithuna no se permite llegar al clímax sexual. En lugar de ello, deben sublimar la energía hacia la experiencia Kundalini o espiritual, despertando así la Kundalini y ayudándola a llegar al chakra de la corona para alcanzar un despertar espiritual. Se requiere mucho control para «hacer subir la energía por la columna» y evitar alcanzar el clímax.

Es posible practicar este ejercicio sin los complicados preparativos y el aprendizaje de la experiencia maithuna clásica. Pero usted está obligado a tratarlo como una más de las experiencias de subida de Kundalini que se describen en este libro; debe preparar y limpiar previamente su sistema.

A los occidentales les puede parecer más beneficioso terminar con el clímax, para que la zona abdominal inferior no se atasque demasiado de energías, cosa que puede suceder cuando se suscitan las energías sexuales sin una liberación adecuada.

Empiece por acordar los preparativos o los rituales adecuados con un compañero dispuesto. Preparen los rituales: utilicen velas, incienso, música, o lo que les parezca adecuado. Busquen el lugar y el momento adecuados para que no les molesten. El masaje, la meditación sobre la subida de la Kundalini o los ejercicios de respiración pueden formar parte de la preparación. Pueden practicarse juegos amorosos antes de la unión maithuna y durante la misma. La postura más habitual (se pueden utilizar otras) consiste en que el hombre se sienta con las piernas abiertas. La mujer se sienta sobre el hombre, dándole la cara. A continuación, cada uno rodea con sus piernas al compañero. Desde ese momento, sólo se realizan los movimientos necesarios para potenciar las sensaciones y para aumentar la pasión, mientras se contiene el clímax. Cuando ambos estén muy excitados sexualmente, dejen caer la energía en el depósito de Kundalini, en la base de la columna vertebral. Centren su atención sobre el depósito de Kundalini y aplíquense mutuamente un suave masaje en los chakras de la columna y de la corona. Después, rodeándose mutuamente con los brazos, pero con la espalda y el cuello erguidos, sitúen su conciencia a unos ocho centímetros por encima de sus cabezas. Hagan subir la energía por la columna vertebral y déjenla salir por los chakras de la corona. Completen el ejercicio con la técnica de mezclado y lluvia.

Después del ejercicio, túmbense juntos, tocándose. Practiquen la meditación abierta durante veinte minutos al menos, por si quieren aparecer mensajes y visiones. Compartan las experiencias. (Si desean llegar al clímax, pueden hacerlo antes o después de la meditación.)

Después, ¡pueden ducharse con agua!

La luz espiritual

Visualice o imagínese una bola de luz blanca de unos sesenta centímetros de diámetro sobre su cabeza. Bájela lentamente al interior de su cabeza, haciendo que despierte y desarrolle la cabeza en general, pero sobre todo la glándula pineal. Después de algunos minutos, haga bajar lentamente la bola a través de su cuerpo; el centro de la bola pasará por la columna vertebral. Bájela hasta el depósito de Kundalini, y sienta la unión de las energías espirituales y Kundalini (ver la ilustración en la página 258). Lleve esta combinación hasta la rabadilla; hágala subir por la columna y déjela salir por el chakra de la corona. Como las energías ya están mezcladas, termine el ejercicio simplemente con la técnica de lluvia.

La luz de la vela

Cuando la Kundalini fluye normalmente, se parece a la llama de una vela, suave y siempre fluida. Cuando se liberan grandes cantidades, es como si el viento soplara sobre la llama de la vela haciéndola mayor y más larga. Visualice o imagine el depósito de Kundalini como una vela. Deje que los sentimientos del amor Divino enciendan la vela. Observe la vela mientras sube por la columna vertebral y sale por el chakra de la corona. Termine con el ejercicio de mezclado y lluvia. Como variante, vea la lluvia de energía como chispas de luz (ver ilustración en color número 5); o, después de la lluvia, sienta la Kundalini en su sistema como una vela que brilla suavemente.

Advertencias

1)   No intente practicar todos estos ejercicios a la vez; liberaría demasiada energía.

2)   Espere al menos una semana o dos entre un ejercicio y el siguiente para asimilar las energías liberadas y hacerlas utilizables.

3)   Si descubre que se está excitando demasiado, o que es incapaz de cumplir sus tareas cotidianas, espere a sentirse capaz de manejar la energía adicional antes de continuar.

4)   Si la Kundalini se queda atascada en su columna vertebral, tiéndase en el suelo con un cristal natural sobre la cabeza apuntado hacia afuera. El poder del cristal le ayudará a mover la energía. Lo mejor es utilizar un cristal de dos o más puntas.

Haga todo lo que pueda

Para extraer el mejor partido posible de la nueva energía, dedique una parte de cada día a los pensamientos o a las afirmaciones espirituales, o a leer textos espirituales. Cuanto más extrañas le parezcan estas prácticas, más las necesitará. Durante los periodos de liberación y de limpieza de Kundalini, también es una excelente idea reflexionar sobre posibilidades originales, pues la Kundalini aporta nuevas capacidades y dotes. Practique la aplicación de sus nuevos talentos. Es una nueva vida, con la bendición de la unión de Shakti y Shiva. ¡Aprovéchela al máximo!

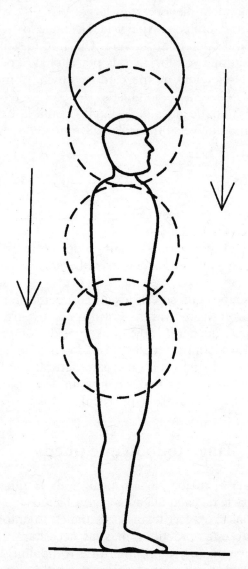

Visualice o imagine una bola blanca de luz que viene de la parte superior de la cabeza y baja introduciéndose en su cuerpo. Llévela al depósito de Kundalini para liberar Kundalini. Vuelva a hacer subir el conjunto y déjelo salir por la parte superior de su cabeza.

Capítulo **16**

Los atributos
de la iluminación

ILUMINACIÓN: estar llenos de luz, captar la luz, cono-cer la luz, funcionar por la luz; tener la luz de todo el conoci-miento e irradiar la luz.

En un estado de iluminación, todos los sentidos se poten-cian tanto que apenas parecen estar relacionados con nuestros sentidos ordinarios. Por ejemplo, los árboles, las flores o las pie-dras pueden parecer resplandecientes y aterciopelados; usted verá su energía y percibirá su presencia, y el conocimiento que ellos tienen de usted. Sentirá que comparten una conexión muy profunda.

- Podrá ver las energías brillantes y luminosas de las demás personas, incluso aunque predominen las energías huma-nas más oscuras en sus campos de fuerza.
- Podrá cambiar de enfoque, asomarse a otras dimensiones, conversar con los seres que viven en ellas.
- Podrá ver la manifestación de las energías, y sabrá en qué se convertirán. También será capaz de ver diversas fre-cuencias de energía, con sus formas diversas.
- Tendrá una comprensión de las leyes universales y sabrá cómo ha de actuar dentro de su marco. Profundizará en las diversas religiones, y sabrá cómo han interpretado éstas dichas leyes. Se sentirá pararreligioso y parafilosófi-co, consciente de todos los niveles de la verdad.

- Estará lleno de alegría o de beatitud constante (aunque también podrá tener sentimientos de tristeza o de pena en situaciones concretas).
- Tendrá capacidades propias de un genio y grandes dotes artísticas y creativas.
- Tendrá un sentimiento profundo de unidad con los demás seres humanos, con los animales y con la naturaleza, un sentimiento profundo de conexión con el Creador y con el cosmos.
- Tendrá grandes poderes y una comprensión plena de cómo utilizarlos. Entre otros poderes o dotes pueden aparecer los siguientes: caminar por el aire o sobre el agua, levitar, la capacidad de hacerse invisible entre una multitud; la capacidad de generar el calor corporal suficiente para fundir un campo cubierto de nieve; el control del medio ambiente; la curación; el don de lenguas y el de expulsar a los demonios; la inmunidad a los venenos; las palabras sabias o inspiradas; la potenciación de los sentidos: clarividencia, clariaudiencia, tacto claro, conciencia de los hechos pasados, presentes y futuros; y el mayor poder de todos: el amor, que todo lo consume, que todo lo perdona, sin condiciones: el **AMOR**.

Mientras vaya siguiendo el proceso de Kundalini hacia la iluminación, algunas de estas dotes se le manifestarán irregularmente. Su cantidad dependerá de la cantidad de Kundalini que fluye y que es utilizable en cada momento dado. No se deje obsesionar esperando recibir estas dotes; le llegarán cuando su atención principal esté centrada en la iluminación (o en el Reino de los Cielos, como se le llama en el cristianismo). El hecho de centrarse en los poderes puede llegar a retrasarle.

Los escritos de Gopi Krishna le aportarán una mejor comprensión de este proceso y de su funcionamiento en la era de Acuario. Los textos antiguos le proporcionarán información general y de base.

Ejercicio de Samadhi

Los ejercicios siguientes se basan en el «Samadhi», palabra sánscrita que quiere decir «uniformidad» (equilibrio perfecto), y que se aplica a un estado contemplativo, casi de trance, que nos ayuda a desarrollar los atributos superiores de la conciencia.

El Samadhi inferior. El Samadhi inferior tiene siete atributos. El uso de los colores (de los tonos pastel más claros, brillando sobre un fondo de luz transparente) puede facilitarnos el acceso a los niveles.

Tumbado, entre en un estado contemplativo, es decir, de ser uno con lo que está contemplando. Dado su poder, basta con dedicar entre tres y cinco minutos a cada color.

Azul lavanda/curación, calor psíquico. Siéntase lleno del más claro de los azules lavanda, brillando sobre un fondo de luz transparente. Medite sobre sus atributos. Ahora, convierta con el pensamiento la energía del color en un calor psíquico (tumo). Sienta que se alinea con la verdadera naturaleza del yo. Repita el ejercicio para cada color, meditando sobre los atributos siguientes:

Azul claro/beatitud, devoción; déjese inundar por él.

Verde claro/conocer o saber; ¿qué conoce o qué sabe?

Amarillo claro/conciencia cósmica; ¿qué percepciones mentales ha tenido?

Anaranjado claro/fuerza; sienta su paz.

Rojo muy claro/amor que todo lo consume y todo lo invade; déjese inundar por él.

Rosado claro (variante del rojo muy claro)/creatividad; sienta que salen a relucir cambios.

Luz Resplandeciente/unidad con todo; déjese inundar por ella.

Variante del Samadhi inferior. Piense en cada color y en sus atributos, uno tras otro. Lleve el color pastel a su tono de joya, el matiz de la acción. Medite sobre cómo le gustaría representar (hacer manifestarse) el atributo de cada color.

Azul lavanda/a amatista.
Azul/a zafiro.
Verde/a esmeralda.
Amarillo/a citrino amarillo.
Anaranjado/a carnelia anaranjada.
Rojo/a rubí.
Rosado/a turmalina rosada.
Luz Resplandeciente/a diamante.

Si no dispone de mucho tiempo para tratar las energías que liberará el ejercicio de la Luz Resplandeciente, quizás prefiera realizar el ejercicio con un solo color cada día.

El Shamadhi superior. El Shamadi superior tiene la beatitud o la devoción más alta; en él no existe nada más. Produce la sensación de energía no manifestada, o de vacío. Llénese completamente de beatitud o de devoción (como prefiera llamarla). Diríjala su respiración, flote, sumérjase en ella.

Todos los sentidos conducen a lo Divino. Aprenda a encontrar lo Divino (lo definitivo) en sus sentidos del tacto, el olfato, el oído, el gusto y la vista. Por ejemplo, huela una rosa (o imagínese que la huele) hasta que alcance un nivel superior de unidad con la rosa y con Dios.

El deseo último es el de la iluminación. Cada vez que desee algo, medite sobre el modo en que puede acercarlo más a la iluminación. ¿Simboliza su deseo un deseo más profundo?

Cuando se vaya desarrollando, descubrirá que se le vienen a la conciencia ejercicios espontáneos. Dedíqueles el tiempo necesario para realizarlos; anote lo que son y sus resultados. Cuanto más evolucione usted, más consciente será de la labor que tiene que realizar dentro de su sistema.

Capítulo 17

El Espíritu Santo
y la Kundalini

Hasta hace escasos años, se ha sabido poco acerca de la Kundalini en las culturas occidentales. Muchos occidentales han creído que este concepto no era más que un componente de las religiones orientales; pero esta energía es universal y siempre ha actuado dentro de los seres humanos, aunque ellos no tuvieran un conocimiento activo del proceso. Los místicos cristianos describen en sus escritos experiencias muy parecidas a los efectos de la Kundalini. Atribuyeron estas manifestaciones a la obra del Espíritu Santo, y tenían razón en cierto sentido, pues el Espíritu Santo puede, verdaderamente, liberar la energía Kundalini.

Existen grandes diferencias entre la energía Kundalini y la energía del Espíritu Santo. La Kundalini es una energía evolutiva, y es de la Tierra. Todas las personas tienen algún flujo de Kundalini, que les conduce al desarrollo del conocimiento mental y de la fuerza. La energía del Espíritu Santo, por su parte, es una energía divina de Dios que conduce al desarrollo del amor y de la sabiduría. La meta última de la Kundalini es la iluminación, y la meta última del cristiano es ser uno con Dios y/o con Cristo o llenarse de Él; llamémoslo como lo llamemos, es la misma meta.

Algunas personas eligen un camino basado principalmente en la fe y en la devoción; otras eligen un camino de conocimiento y de práctica. Podríamos señalar la diferencia de que la Kundalini está relacionada con la mente de Dios, mientras que el Espíritu Santo está relacionado con el corazón de Dios.

La consecuencia más importante de las etapas más avanzadas de cualquier camino es que, sea cual sea el camino, en las etapas superiores del desarrollo cada persona empieza a desarrollarse de manera similar. Una persona que se concentre en el camino mental desarrollará más el amor/sabiduría por la expansión en la unidad y por la práctica de la compasión, mientras que la persona dedicada al amor/sabiduría desarrollará más el conocimiento/poder por la comprensión y por el control del proceso. Todos nosotros estamos llamados, en último extremo, a desarrollar ambos aspectos.

Muchos seguidores de las religiones orientales han buscado la iluminación o a Dios principalmente por medio de la comprensión del poder de la Kundalini, de cómo funciona, de cómo subirla, y de su papel en la evolución humana. Existe mucho conocimiento al respecto, aunque está cifrado en lenguaje simbólico. Los yoguis que han alcanzado estados avanzados de elevación y de desarrollo de su Kundalini obtienen los grandes poderes paranormales llamados «siddhis». Han aprendido a modificar las energías y a utilizarlas para conseguir fines determinados. Los místicos cristianos, por su parte, seguramente no entendían demasiado el proceso, pero alcanzaban la iluminación por la intervención del Espíritu Santo. Estos místicos han sido capaces de realizar actos paranormales llamados «milagros». La fe en Dios sustituía a la comprensión de cómo se producían los milagros. Tanto los yoguis como los místicos padecieron y soportaron muchas cosas en nombre de sus metas. Parece ser que ambos se caracterizaban por su dedicación y por su disposición para hacer cualquier cosa que fuera necesaria para alcanzar su meta.

Los buscadores espirituales de hoy día se plantean diversos caminos espirituales, entre ellos el cristiano, el budista, el hinduista, el judaico, el de los indios americanos, el rosacruz, el sufí y el egipcio antiguo. Usted no tiene por qué renunciar a sus creencias básicas. De hecho, el estudio de otras religiones le ayuda a veces a comprender mejor sus propias creencias religiosas.

Por otra parte, parece que ha llegado el momento de que se produzca una renovación dentro de los sistemas, si queremos que las religiones tradicionales se ajusten al interés espiritual cada vez más profundo de la humanidad. Existe un deseo creciente de seguir el camino místico y de conocer los misterios de Dios, deseo que no han podido satisfacer los programas actuales de nuestras iglesias. Las reglas, los reglamentos y las actitudes antiguas suelen ahogar al individuo que aspira a sentir el amor de Dios y la presencia de Dios en su vida. El deseo de ser espiritual y humano a la vez (abrir la conciencia de nuestro espíritu y de nuestro potencial humano) es el impulso motriz de esta fusión de los caminos.

Ha llegado el momento de que los buscadores espirituales de nuestros días tengan en cuenta sus propias necesidades de desarrollo, tanto en el plano espiritual como en el humano. Necesitan descubrir un terreno común que conduzca a una comprensión del proceso y a la iluminación última. Tenemos que desarrollar tal vocabulario. El lenguaje místico de cualquier camino contiene un simbolismo tan profundo que normalmente sólo resulta completamente comprensible para los que han compartido experiencias similares. El vocabulario nuevo aporta una nueva comprensión, que nos ayuda a discernir la relevancia de las verdades antiguas.

Un ejemplo de problema de vocabulario es el empleo de la palabra «pecado». Muchas personas no comprenden lo que significa verdaderamente el «pecado» en sus vidas; lo que parece pecaminoso a una generación no se lo parece a la siguiente, o parece que cambia la gravedad del pecado. Algunas veces sólo se califican de pecados los actos cometidos, y otras veces se considera pecado cada pensamiento poco santo. Otra fuente de confusión son las ocasiones en que los grupos religiosos modifican sus doctrinas y consideran aceptable algo que antes era considerado pecado; surge entonces la cuestión siguiente: ¿los pecados se cometen contra la Iglesia, o contra Dios? ¿Ha cambiado de opinión la Iglesia, o Dios? Estas preguntas han llevado a algunas personas a poner en duda seriamente las doctrinas de sus religiones. Se preguntan si su desarrollo espiritual es algo entre Dios y ellos, o entre ellos y una fe determinada y sus doctrinas. Estas cuestiones son muy preocupantes. Muchas personas sinceras han abandonado las religiones organizadas y tradicionales en búsqueda de una mejor comprensión personal de sus relaciones con la fuente Divina.

Una manera de resolver la confusión es examinar el concepto de pecado a través de la palabra «karma», que en sánscrito significa «la reacción sigue a la acción». Las personas empiezan a descubrir que hay que tener en cuenta toda la vida, y no sólo unos actos concretos que se llaman «pecados», y que Cristo y los altos maestros espirituales son capaces de transmutar toda la conducta «negativa» o inadecuada en energía buena o positiva. Necesitamos ambos terrenos de desarrollo: el espiritual y el mental, el Espíritu Santo y la Kundalini. Podemos acelerar nuestro desarrollo y acortar el tiempo necesario para alcanzar la iluminación y el amor completo como el de Cristo integrando estas dos vías. Por primera vez en la historia, el buscador espiritual dedicado tiene a su alcance el conocimiento de muchos caminos.

Capítulo **18**

La Kundalini en el futuro

Valores

Uno de los valores máximos de la unión de la Kundalini con las energías espirituales (Shakti y Shiva, femenina y masculina) es la profundización de la conciencia del cosmos. Saca a la persona del estilo de vida estrecho e individualista tan extendido hoy día. La persona que se refina y se limpia por las energías Kundalini y espirituales tiene muchos menos deseos de hacer una vida complicada y experimenta un impulso natural de volver a la vida más sencilla. El resultado es una vida personal e interior rica y satisfecha, y una menor dependencia en las estructuras materiales y sociales. Las personas se interesan más por reforzar a los demás, compartiendo así su fuerza en vez de guardarse toda la que pueden.

En el pasado, la mayoría de las personas iluminadas tendían a retirarse del mundo; los juegos de la vida perdían significado para ellos. Pero las energías de la era de Acuario han ayudado a los iluminados a tomar una parte más activa en la orientación de la raza humana en la administración, la educación, la curación y otros campos orientados hacia el progreso. Los terrenos espirituales seguirán necesitando la orientación de los iluminados, pues la salvación de la humanidad depende de llevar a la totalidad de la vida una conciencia espiritual y cósmica. Con una comprensión cósmica de la vida y del equilibrio, no tendría que existir contaminación del aire, del agua o de la tierra, ni, en general, ninguna actividad destructiva.

La necesidad de una educación adecuada

El despertar de la Kundalini no es un «truco». No es la última moda, ni algo a lo que «juega» gente rara en lugares aislados de retiro. Todos deben investigarlo y estudiarlo, para que el empleo mejor de la energía Kundalini sea comprendido por todos y esté abierto a todos. Es esencial que la gente se familiarice con esta fuerza. También es fundamental que algunas personas estén formadas en la terapia de Kundalini; esta necesidad ya existe. Una gran parte de la labor moderna de asesoramiento se centra en los efectos del problema, y no en sus causas. El flujo de energía inadecuado es la causa de muchos problemas emocionales y mentales. La conducta neurótica o psicótica es su efecto. Cuando las personas están formadas para desarrollar pautas y flujos de energía más viables, pueden evitar dejarse atrapar en conflictos emocionales y mentales.

Actualmente, los niños reciben educación física en las escuelas; se les somete a chequeos médicos, y en muchos casos disponen de asesoramiento cuando lo necesitan. Pero el planteamiento Kundalini tiene que ver más con la formación y la educación totales para la vida. Los chequeos de la Kundalini serían una parte valiosa de la educación del niño. Los especialistas, formados en el conocimiento de los bloqueos o concentraciones de Kundalini en la persona, podrían detectar a los criminales en potencia, a los pervertidos sexuales en potencia, y a otros niños con perspectivas malsanas de vida, y podrían recomendar terapias a tiempo.

Las pruebas de Kundalini también podrían señalar al niño que es un genio en potencia, o al que parece estar retrasado pero que en realidad está siendo reprimido por energías bloqueadas. Sería posible determinar, con pruebas o tests periódicos si el niño estaba sacando el mejor partido de la energía, por su orientación y su flujo.

En estos momentos, sólo nos es dado imaginar las posibilidades de los tests y de las terapias de Kundalini como instrumentos para el crecimiento y para el desarrollo de nuestros hijos. Las oportunidades parecen enormes. Sería preciso desarrollar métodos y formar a personas en su aplicación. Lo más probable es que estas terapias de Kundalini sean accesibles en primer lugar en escuelas privadas o en consultas privadas. Muchos delincuentes, que por lo demás parecían personas bien equilibradas, han dicho que no sabían por qué habían hecho lo que hicieron. La energía que se ha concentrado o bloqueado demasiado tiempo tiende a «explotar», de manera muy parecida a como explotaría una olla a presión si no tuviera válvula de escape. Cuando esta energía se descontrola, puede imponerse, potenciar cualquier tipo de sensación o de pensamiento, e incluso hacer que la persona parezca temporalmente loca. Existen personas cuyos problemas mentales crónicos fueron causados por un flujo inadecuado de Kundalini, personas que podrían curarse por medio de la terapia de Kundalini en manos de un terapeuta Kundalini cualificado.

Retiro o participación

En la India y en otros países ha sido costumbre que las personas interesadas por el desarrollo de la Kundalini abandonen la vida diaria de su familia, sus amigos y su trabajo e ingresen en un ashram o templo. Se retiran de la vida que conocen y emprenden una nueva vida, cuyo ambiente facilita el desarrollo, junto a personas que tienen metas semejantes y que pueden guiarles. Pero en la era de Acuario y en países como EE.UU. las cosas son muy diferentes. Muy pocas personas se pueden permitir el lujo de retirarse a estudiar cuando les surge esa necesidad interior. Los que sienten, en efecto, la necesidad de retirarse no quieren que sus familias padezcan las consecuencias de su marcha. Ésta es una época de nuestra historia humana en que las personas, en la mayoría de los casos, deben seguir adelante con sus vidas diarias, formando parte de las sociedad, pero sin dejar de trabajar en su desarrollo interior. Esto es mucho más difícil en algunos sentidos; en otros sentidos es mucho más remunerador, pues el crecimiento y el desarrollo pasan entonces a formar parte de una vida total. Todavía existen personas que son capaces de apartarse de la sociedad y trabajar por su desarrollo. A éstas no les resulta excesivamente fácil el reingreso en la sociedad: pueden experimentar una ruptura total con la sociedad que conocieron.

Existirán más centros y lugares de retiro donde practicar la terapia Kundalini y donde formarse en ella durante periodos más cortos de tiempo. Formarán parte de nuestro nuevo terreno de desarrollo, un terreno que se ha convertido en parte muy importante de nuestra cultura.

Sea cual sea el modo en que usted decide trabajar con su Kundalini, siempre deberá recordar que la responsabilidad sigue siendo suya. No puede delegar la responsabilidad en un guru o en un líder. Es prudente aprender de los demás, pero es necio renunciar a la propia responsabilidad.

No estamos solos

Si bien la mayor parte de los beneficios del trabajo con la Kundalini que hemos descrito en este libro se relacionan con el individuo, el individuo no es su único beneficiario. La sociedad y el mundo se benefician del desarrollo de cada individuo, por pequeño o por grande que éste sea. Al desarrollarse una persona, también se desarrollan las demás; cuando una persona bloquea su desarrollo, también se retraen las demás. Si ponemos en un cubo de agua limpia un número suficiente de motas de polvo, se formará barro. Lo mismo puede decirse de la negatividad: cuanta más negatividad se introduce en la vida, sean cuales sean sus fuentes, más se enturbiará la vida. Pero cuanta más iluminación se produzca en el mundo, con mayor claridad veremos cada uno de nosotros, aumentando así nuestra propia iluminación.

Nadie está solo en su desarrollo. Y tampoco está solo el mundo. Lo que sucede en esta tierra hace que salga al cosmos la energía de diversas manifestaciones.

La gente habla de paz sin comprender verdaderamente lo que ésta puede ser. No es simplemente la falta de guerra o de discrepancias. Es, más bien, dejar que el flujo cósmico del Creador fluya a través de todos, trabajando por la armonía y la alegría totales. Es posible tener paz interior en la guerra, en las discrepancias o en otras tragedias de la vida. Cuanta más paz interior tengan las personas, con mayor armonía arreglarán sus disputas. Éste es uno de los dones de la unión de las energías: la paz interior.

Conclusión

Ya no podemos rechazar a la ligera la liberación de Kundalini. Las energías de la era de Acuario están moviéndola en cierto grado en la mayoría de las personas, incitándolas a una búsqueda del aspecto espiritual de la vida, y provocando en general un movimiento hacia una visión o planteamiento «holístico» de la vida. Cuanto mejor entiendan todos esta tremenda fuerza y sus consecuencias sobre los individuos, así como sobre la vida total del planeta, con mayor facilidad y rapidez cosecharemos todos sus beneficios.

Glosario escogido

Atma

Gran yo.

Brahman

Expansión. Evolución. Lo absoluto. Creador. Conservador. Destructor del Universo.

Chakra

En sánscrito, «rueda». Cada uno de los muchos vórtices de energía de nuestro cuerpo etérico (q.v.).

Estado contemplativo

Situación en la que somos uno con lo que estamos contemplando.

Ida

Uno de los tres nadis principales. Polaridad femenina.

Karma

En sánscrito, «la reacción sigue a la acción». Lo que se envía, se vuelve a recibir.

274

Kundalini

En sánscrito, «fuerza circular». Fuerza evolutiva básica del individuo. Poderes dormidos, innatos, de la divinidad dentro del individuo, personificados en la Diosa dormida Kundalini.

Depósito de Kundalini

Lugar donde espera la Kundalini dormida. Situado en la base de la columna vertebral.

Maithuna

Ritual para la liberación de Kundalini a través de la unión sexual. Procede del yoga tántrico.

Mantra

En sánscrito, «consejo sagrado. Fórmula.» Formación de pensamiento. Fórmula mística para la invocación.

Nadi

Así como los nervios dan energía a nuestro cuerpo físico, los nadis dan energía al nivel mental superior y al espiritual.

Pingala

Uno de los tres nadis principales. Polaridad masculina.

Prana

Fuerza vital.

Samadhi

En sánscrito, «uniformidad». Equilibrio perfecto. Estado contemplativo, casi de trance, que nos ayuda a desarrollar los atributos superiores de la conciencia.

Siddhis

Grandes poderes paranormales que permiten cambiar y utilizar la energía con diversos fines. Los alcanzan los yoguis que han llegado a etapas avanzadas de elevación y desarrollo de su Kundalini.

Shakta Yoga

Disciplina de la energía. La chispa Divina de la fuerza vital.

Sushumna

Uno de los tres nadis principales. Esencia espiritual.

Tai Chi

Antigua práctica china de movimiento de la energía, muy eficaz para liberar y mover la energía.

Tumo

Calor psíquico.

COLECCIÓN NUEVA ERA

COLECCIÓN NUEVOS TEMAS

ÚLTIMOS TÍTULOS PUBLICADOS
DE LA COLECCIÓN TEMAS DE SUPERACIÓN PERSONAL